HEYNE <

Piet Klocke

Fürs Leben muss man geboren sein

– Notiertes Nichtwissen –

Lesezeit: 5 Min.
Vorlesen
Kommentare lesen
0 Beiträge

WILHELM HEYNE VERLAG
MÜNCHEN

voor Pukkie

Mit Dir küssen ist mir nie zu früh'

Wenn mir niemand mehr einfällt, zitiere ich mich selbst
(Aristoteles, 410 v.Chr.).

Peter Sloterdijk:
- *Normalität ist Besessenheit ohne Trance*
- *Wird die mystische Übereinstimmung mit allem zu groß, sagt man nicht mehr, es regnet, sondern ich regne*
- *Nanotechnologie ist angewandter Surrealismus*
- *Man muss Kybernetiker werden, um Humanist bleiben zu können*
- *Ich habe noch nie etwas erlebt, was wirklich einem ganzen Satz entsprach*

Henri Michaux:
- *Unaufhörlich kentern Inseln in meinem Ozean*

Dirk Baecker, »4.0 oder die Lücke, die der Rechner lässt«:
- *Die Kunst der nächsten Gesellschaft ist leicht und klug, laut und unerträglich. Sie weicht aus und bindet mit Witz; sie bedrängt und verführt. Ihre Bilder, Geschichten und Töne greifen an und sind es nicht gewesen*

Alan Pauls, Literaturhaus Berlin, 2010:
- *Liebenswürdigkeit und Zurückhaltung, eine Kombination für die man garnicht dankbar genug sein kann*

Sean Connery nach »Wie möchten Sie Ihren Auftrag, 007?«:
- *Gefaxt, nicht gesimst!*

Norbert Walter Peters:
- *Jede Kunst erstrebt den Zustand von Musik*

Max Picard:
- *Wir sind mehr gerettet, als wir wissen*

Eduard Kaeser:
- *Irrationalität, die letzte Bastion des Individuellen*

Kapitel I

Ich habe geträumt, ich hätte geschlafen

Auf Winterreise
im *Hotel zu den Nebensonnen*
einen Eintrag des Surrealen
ins Gästebuch der Wirklichkeit leisten.

Glück ist auch,
wenn ein Vogel unerwartet, ohne Scheu,
wie selbstverständlich aus tiefen Ästen neben mir
zur Höhe des Fahrradlenkers aufsteigt
und sehr nah und anstrengungslos
ein paar Meter Begleitflug präsentiert,
immer das kleine Stück voraus, ein perfekter Trainer,
der zieht und auf die Strecke vor uns achtet.
Wäre solch' ein Konvoi Standard,
ich wollt' nur radeln noch,
beherrschte längst akzentfrei
viele Vogelsprachen.

»Seele ist die Intelligenz des Herzens«,
sagte jemand, der auch die Schönheit liebte,
über allen Fakten soll sie stehen,
so beruhigt bin ich gern.

Musik, die sich unmittelbar
an die freudespendenden Areale
des Körpers, sämtlicher Sinne wendet,
muss kein Funk sein.
Musik, die sich an die Areale der Tränen wendet,
besitzt nicht zwangsläufig die Lizenz zum Rückzug
in die versöhnende Umarmung der Natur.
Schumann kann Funk
und Tanzdiele befeuert
durchaus Melancholie.

Someone else to be, leicht gemacht.
Ich kenne mich vom Hörensagen,
ahne jeden Morgen genau,
wie ich mich fühlen müsste.
Der erste Blick in den Spiegel
was soll's, ich bin's doch gar nicht.

Surfin' Safari

Schon kleinste Temperaturwechsel
können im Meer neues Leben erzeugen.
Wird der Mensch sterben müssen, weil er nicht
über den Wellenrand hinausschauen konnte?

Sein und Kopie oder die Unsicherheit des Bewährten

Wie alles Niedergeschriebene,
so lässt auch Unerklärliches im Netz
klein wenig Hoffnungsimagination auf Lösung keimen.
Die Welt ist eine photoshopierte Buchstaben-Nudelsuppe.
Jedes Wort hat das Zeug zum Bild,
das Einverständnis der Bilder
nicht einmal mehr vorausgesetzt,
den Worten gehts wie uns:
Es spielt keine Rolle, wer man wirklich ist,
wichtig ist allein, was andere über einen denken!
(Alan Turing, Theoretiker).

Mit dem Gebirgsrad
durch wohltemperierte Sommernatur strampelnd,
nenne ich den Wald lebenstrunken *meinen* Wald.
Die Seinsstatik: Das Ganze baut auf unvereinnahmende Momente.
Die bürokratische Glücksdefinition: Hat Waldverbot.
Die Umarmung: Schon eine ist das Leben wert.
Die Liebe: Immer Lösung. Auch allein, besser nicht.

Westelnde Himmel

Unter der Parole *West is the Best* sollte das Verb *einnorden*
längst korrekte, optimale Ausrichtung erfahren haben.
Das in *verosteten* Ländereien angebotene, scheinesoterische
Seminar *Schlittenhunde im sibirischen Einvernehmen*
wurde aufgrund ungünstiger Lage und fehlender Nachfrage
aus dem Programm genommen.
Ob *gesüdet* oder *gewestet*, sämtliche Richtungen
müssen jederfraumannzeit zur Verfügung stehen.

In vielen US-amerikanischen Ländern kündigte ein automatischer Korrektur-Algorithmus Lessings Drama *Nathan der Weisse* an. Wirkt arm, macht aber traditionell fassungslos, einige.

Philosophie ist die Arbeit, die gemacht wird, um anders zu werden (Michel Foucault).

Hoge Veluwe, Arnhem

Die neben ihnen aufwachsenden jungen Tannenkinder fanden
an den vitaminreichen Blaubeeren des Waldes so sehr Gefallen,
optisch, geschmacklich und persönlich, dass sie sich täglich
mehrmals zu ihnen hinunterbeugten, sie umarmten und küssten.
Eine solche Zuneigung, die Tiefe ihrer Verbundenheit,
das innige, intime Verhältnis blieb nicht ohne Folgen.
Schon bald trugen auch die Tannen blaue Früchte,
sehr wenige zwar und ans eigene Wachstum angepasst,
sie werden Blaubälle genannt.

Liebeskryptik

Lebensphasenwechsel werden nicht nur aufgrund DNA,
genetischer oder sonstiger Vorbestimmtheiten ausgelöst,
sondern auch von codespezifischen Gedanken,
die den Gesetzen körpereigenen Abriebs folgen,
vom Gedankenträger allerdings nicht zwingend
als bevollmächtigt erkannt werden.
Was sollte er nun wie ändern können,
gedacht ist gedacht,
wie gedacht, so zerdacht,
ich denke an Dich,
das hab' ich für mich,
immerzu glücklich
verdachtsfrei verschlüss'le ich mich,
um Dir allein
noch näher zu sein.

Konfuzius

A. notierte bei einer seiner zahlreichen Wanderungen:
Wer morgens mit Nackenbeschwerden aufwacht,
sollte im nächsten Traum den Kopf einziehen!

B. erkannte bei der Nacht- und Nebelwanderung Richtung Bhutan:
Die Sicht ist das Ziel.

Schlechtgelaunter Chirurg zu aufmüpfigem Patienten:
»Wer, glauben Sie, zieht hier wohl die Fäden?!«

Inzwischen versuchen Männer, Frauen nicht mehr zu sagen, wo es langgeht, begleiten sie aber wenn, dann ausschließlich dorthin.

Die Entsprechung von Emotionen
in und durch Musik
ist oft mächtiger als die Emotion selbst,
Musik also immer
alles bindende E-Musik.

Gedichtsverlust

Manchmal habe ich mich selbst in Verdacht.
Sich zu verdenken aber, kann durchaus der Wahrheitsfindung
dienen. Früher dachte ich, Wirklichkeit sei alles außer Haus,
die Wahrheit sah dann anders aus,
lümmelte sich gar tagelong
auf heimisch' Chaiselongue herom oder global:
Viele Staaten befinden sich im Defizitverfahren,
weniger aus Mangel als reichlich verfahren.
Fakten sind gnadenlos, aber bespielbar.

Bäckerblume, Ausgabe 73

Wenn man mit Allem rechnet,
verkauft sich auch das Nichts wie geschnitten Brot.
Die ungeschrotete Wahrheit des Dr. Dinkel-Roggen.

Zwischengas

Ausgerechnet beim Autofahren,
steigt blitzartig, überwältigend nah und detailliert
die Erinnerung an eine große Jugendliebe auf.
Als ich den Moment ausnutzen und mir das Gefühl,
sie zu berühren, dazuimaginieren will,
ist dieser kurze schöne Spuk auch schon vorbei,
mein mitfühlender Herzschlag beruhigt sich,
ich biege ab in öde, milliardenfach abgespeicherte
Alltagslethargien, Anlieger und unfallfrei.

Bei *Relipedia* findet man unter *Gott* überwiegend falsche Angaben.
Mit Transzendenz lässt sich auch in Zeiten der Scheintransparenz
nicht alles entschuldigen.

Wenn beschworenes, todsicheres Wissen
sich eines Tages als gänzlich fehlerhaft erweisen sollte,
wurde eindeutig und über Jahrzehnte hinweg
falsch gewusst.

Das Staunen der Lämmer

Vögel fliegen
in sich den Blicken entziehende Höhen,
verwandeln dort Struktur und Stimmlage
und kehren als völlig andere zurück.

Viele Dinge sind traurig genug,
manchen reicht das aber scheinbar immer noch nicht.

Heute früh hatte ich kurz den Kontakt zu mir verloren.

Viele wollen nur wissen, was sie verstehen.

Hoppla

Was wir Emotionen nennen,
sind berechnete Wahrscheinlichkeiten, also Algorithmen
(Historiker Harari, nur annähernd korrekt zitiert).
Das Gefühl der Berechenbar- und Minderwertigkeit
bringt mein Blut in Temperatur!,
simst amazons verständnisvoller Affekt-Ratgeber dazwischen.
Liebe enttarnt, eine metrische,
auf Wahrscheinlichkeiten aufgebaute Algorithmenduselei.[1]
Um den Menschen nicht zu verunsichern,
spricht die harte KI von weicher,
der sogenannten großflächigen Wahrscheinlichkeit.

Auf der Autobahn überholten mich gestern u.a.:
· *Flori Zupf,* Entrümpelungsprofi.
· *Lore Magaldhi,* Chakrenharmonisierung und Balancemassage.
· *Dieter Hundemörder,* Küchen- u. Möbelmontage, Umzüge.
· *Dr. Vulgaerhardt Hansen,* Praxis für Schnakenorthopädie.
· *Monika Giessen,* Kreative Trendfloristik, Ikebana und Gartencenter.
· *Die Schnittstelle,* Schneiderei, Maß und Stange.
Hochachtungsvoll
Ihr *Peterian zu Kolks-Hasselbalg,* Spektralkuriosist

1 Duselei: Im Raum verdunstende entwissenschaftlichende Strenge.

Triumzitat

Jedesmal, wenn ich wahrhaft glücklich war,
verschwand ich aus meinem Bewusstsein
(Gaito Gasdanow, »Ein Abend bei Claire«).

Beim Du ist das Arschloch nicht weit
(Balbina Wohlgemuth, ehem. Wirtin des Münchner Johanniscafé; Dank an Stofferl und Andy for name-research).

Blödsinn ist, wenn das Kind keinen Kopf hat.
Blödsinn ist aller Jammer der Welt.
Blödsinn ist die Enttäuschung der Seele,
die Quintessenz der Melancholie.
Blödsinn ist überhaupt ein Blödsinn
(Hugo Ball, »Flametti oder vom Dandysmus der Armen«).

Um der Liebe Frieden Wollen

Übersehen und hören
Trostlosigkeit verpacken
zuvorderst die Augen
fließen aus ins Beliebige
im Schlaf wandert
ein Ohr zum andern
sie lauschen beide
die Nacht
untergehakt

Im unendlichen Universum lagern
für jeden gleich große Gedankenpakete,
viele werden nicht abgeholt,
die meisten allerdings sind von ihren Besitzern
umständehalber
nicht auszudenken.

Die Quintessenz, das fünfte Seiende,
benennt den komponierten Kern,
das notierte Wesen.
Cleo, die Quinte seines Lebens (Chabrol, 1983).

Möbelhaus Babel

Bei der Bestellung eines neuen Schranks
betraf der handschriftliche Zusatz
Außer Montage
auf der Visitenkarte der Verkäuferin
keine terminliche Einschränkung.

Das Seminar *Wenn nichts passiert*
sollte in einem immer schon leer stehenden,
tür- und dachlosen Gebäude ohne Wände stattfinden,
es regnete nicht aus schweren, dunklen Wolken
und teilnahmslos ward das Seminar abgesagt.

Kapitel II

Brückentage der Malerischen Philosophie

Sie war schön.
Wir fuhren vierhändig durch die romantischste Allee der Nacht.
Ein banaler, harmloser Auffahrunfall,
niemand wurde verletzt, der vor uns alsbald zurück auf dem Weg.
Alles war sehr still jetzt, nur ein Baumläufer,
nah vor uns am Erlenstamm,
rutschte kurz ab, fing sich sogleich,
hob den Kopf, drehte ihn schnell in ihre Richtung,
unbeweglich dann und lauschte. Mit uns.
Er prägte sich ihre Schönheit ein
und fiel sehr glücklich auf die Motorhaube.

Im Französischen ist selbst das Wort Tendenz tanzbar.

Buñuels erste Choreographie fürs Palais Garnier:
Aphrodismen für Cello und 11 blinde Amöben.

Für mehrere unvergessliche Stunden
langsam gleitenden, beinahe geräuschlosen Schwebens,
nicht allzu hoch über den Bäumen des Schwarzwalds
oder sonstiger Erholungsgebiete, bietet
IKEA ab dem kommenden Sommer allen Bücherwürmern
ihre mit Sessel, Leselampe und mittelgroßer Gebäckauswahl
ausgestattete Entspannungsdrohne *Rilke*,
jetzt auch in den Tarnfarben
fichtenblau und rattanblond an.

In einem fluorfarbenen Schlafanzug kann man schlecht einschlafen, wird aber bei nächtlichen Erdbeben leichter gefunden.

Immer mehr auslaufende Batteriemasse bringt Unruhe
in die alteingesessene Schicht der Pestizide und Kontaminationen
und drängt sie unentwegt tiefer in Richtung Erdzentrum.
Eine gründliche Vorsorgeuntersuchung
jedes einzelnen Maulwurfs ist da kaum zu schaffen.
Selbst das gute alte Fracking weicht bereits
misstrauisch in Landschaftsschutzgebiete aus.

Die Augsburger Umweltkiste präsentiert:
Die Vision König Alfons des Viertelvorzwölften.
Schon 1961/62 bestand das Lummerland
umgebende Meer komplett aus Plastik.

Weil der Mensch nicht weiß, wer er ist, fehlt ihm der Vergleich.
Nichts ist am liebsten mit nichts zu vergleichen.
Es war einmal jemand, der in Verdacht geriet,
ein ihn durch und durch ausmachendes Ich sein Eigen zu nennen,
sich gar mit selbigem unausgesprochen pudelwohl zu fühlen.
Schon jagten die Ichlosen, fingen und zwangen ihn,
den Quellcode dieses verdächtig *pudelwohlen Ichs*
allen zugänglich zu machen.
Inzwischen reicht die dümmste Künstliche Intelligenz aus,
dieser geschmacklos-permanenten Gleichmacherei
ein Ende zu bereiten und sämtlichen Erdenbürgern
aus ihrem mächtigen Fundus ein ganz persönliches Ich anzubieten,
nach dem Zufallsprinzip oder gezielt mit kleiner Bearbeitungs-
gebühr, immer aber nach dem bewährten
Gesetz des Smartphoto-Development:
»Was sein könnte stets vor dem was ist!«

Unverschenkte Rosen

Gedichte sind
ein farbenfestlicher Zierfisch,
der niemals zum Geschmusel
in die Hand springt,
die Basis der Sprache
der Frieden des Schweigens

Wo Frömmigkeit erkaltet, wirds warm
in der Herzkammer des Schönen und Guten.
Kunst, die entlaufene Magd der Religion
(Beat Wyss).

Verliebtsein

Ein einziges,
allumfassendes Hinverlangen,
kopf-, und kragenloses Entgegenstreben,
allein unkomplett, absterbend,
Sehnen ach,
verliebt,
noch niemals so verliebt,
nur Du.

Überhaupt existiert die Ethik nur in dem Maße,
wie wir sie zu akzeptieren bereit sind
(Gaito Gasdanow, »Das Phantom des Alexander Wolf«).

Bei manchen kommt Freude auf, wenn sie erkennen,
dass sie in jedem Moment das sind, was sie nie waren.

Laut einer an Jurastudenten durchgeführten Langzeitstudie
des Instituts für Schlaf- und Traumforschung,
Schwerpunkt *Die Schamanoide Unexistenz,*
richtet sich jeder grund- und gnadenlos
nachts aus dem Tiefschlaf Gerissene augenblicklich und
nach geradezu sizilianischer Art emotionalisiert
im Bett auf und fleht in die Nacht:
»Warum ich?!!«

Alles ist rauer und unromantischer geworden.
Wenn man zu meiner Zeit den Einbrecher im Hause hatte,
dann konnte man überraschend das Licht anknipsen,
den Mann stellen und ihm erklären:
»Mein Herr, die Rollenverteilung ist zweifellos eindeutig:
Sie wohnen nicht hier, ich bin das Opfer,
also ist es wohl für alle Beteiligten besser,
wir beide legen die Werkzeuge beiseite, gehen nach draußen
und regeln die Angelegenheit unter uns!«

Wurde der Kampf zu meinen Ungunsten entschieden,
durfte der Einbrecher noch bis zum Eintreffen der Polizei
den Einbruch fortsetzen.
Verlor er, behielt ich das komplette Diebesgut,
er aber musste, nach Verbüßung seiner Haftstrafe,
die psychisch-belastende Wohnung übernehmen.

Derlei ist heutzutage undenkbar.
Abgesehen davon, dass der aktuelle Einbrecher häufig
nur sporadisches Sprachverständnis mitbringt
oder einen Diskurs aus Zeitgründen generell ablehnt,
kann ich von Glück sagen,
wenn ich nicht schon vor Erreichen des Lichtschalters
von den Kugeln einer RPK-16 durchsiebt wurde.
Dieses Maschinengewehr wird übrigens momentan
im Darknet recht kostengünstig angeboten,
Skonto und die frühere Praxis *Nimm 10, bezahle 9*
allerdings ausgeschlossen.

Nein, glauben Sie mir, Romantik,
die findet nur, wer sie von Herzen will
und dort legal stattfinden lässt.

Das Internet der Sorten

Kirschbäume tragen das ganze Jahr über.
Ihre Früchte chatten nicht nur mit den Erntehelfern,
sondern bereits frühreif mit den Endkunden.
Wenn sich die Kirsche im Wachstum
auf geschmacklicher Ebene keine Mühe gibt,
bekommt sie mieses Ranking.
Im schlechtesten Fall wird der Baum
automatisch, sicher und bequem auf Äpfel umgestellt.

Heut' klingt der Wind wie Wagner

Ideen kommen,
auch wenn man durchs Leben flaniert
und nichts versteht,
alles Vergessene
auf den blattgoldblättrigen Flügeln der Verinnerung,
von Inspiration getroffen
kniete er nieder,
Boden vergisst nie,
darauf all die Säulen
im Umbau.

Mit meiner neuen Sonnenbrille, Modell *Alain Delon,*
erkannte ich beim ersten Blick in den Spiegel
niemanden dieses Namens, auch nicht den eines ähnlichen.
Es heißt, man müsse nicht sein, wie man ausschaut.
Wirken, aber nicht zwingend dabei sein.
Eine Modeinstanz behauptete einst, nicht nur die Schönheit
werde immer auch von großem Vorstellungsvermögen begleitet.
Ich glaube liebend gern, meine Kategorie Schönheit
wirkt außerhalb jedweder Vorstellung von Vermögen
noch zur schnöden Anlage verführender Werte.
Nichtsdestotrotz bestätigen mir sehr gute, wahre
und richtig tolle, echte, prima Freunde des Öfteren,
mit dieser Brille könne man mich
glatt mit Jack Nicholson verwechseln.
Na bitte, läuft!

Die Einstellung ist wichtig, nicht die andern!

Tierschützer atmen auf:
Ab 2034 in Zoos nur noch *Animaloide.*

Wenn man weder weiß wer,
noch wie viele man ist,
darf man sich jemanden ausdenken
(Caspar David Nepomuk Laecht, 1973).

Viele schwören darauf, niemals sie selbst zu sein,
die meisten aber beobachten andere und übernehmen sich.
Zwischenzeit:
Wer sich selbst nicht liken kann,
dem nützen auch nicht viele.

Es gibt Themen, die reiche ich gleich weiter ans Unbewusste.

Cruising heißt in manchen Gegenden:
Genderspezifische Waldnutzung.

Permanentes Display-Hopping lässt
unser Auge bei Auftauchen des sogenannten Rundblicks erschrecken.
Den Radius eines Zirkels, den Horizont und dessen Weite abzufahren oder vom Berg herab das ganze Tal zu ermessen, verdutzt es.
Genießen heißt auch, einverstanden Begrenzungen suchen.
Viele haben sich das viereckige Betrachten
so sehr zur Gewohnheit gemacht, dass sie ihrer Liebsten
verliebte Blicke nur dann zuwerfen können,
wenn diese, ins TV-Studio kopiert, herüberschaut.

Überholt auf der Autobahn
ein Motorradfahrer ohne Kopf,
bitte unverzüglich und unter Pseudonym
die Polizei verständigen.

Mysteriöse Vorfälle dieser Art,
die sich frech der gesetzlichen Helmpflicht entziehen,
erinnern an die uralte Geschichte vom Guillotine-Geköpften,
dessen Körper, mit Gerichtsverfahren, Urteil, Unterbringung
und Vollstreckung nicht einverstanden, aus Protest also,
sowie einem gehörigen Teil Verschnupftseins,
noch einige Schritte ohne den Kopf wagte
und die begeistert johlenden Zuschauer
mittels weit ausholenden, animierenden Armbewegungen
auf seine Seite bringen wollte.
Viel diskutiert oder gar rückgängig gemacht
wurde hier aber nichts mehr.
Das Volk ging letztlich heim, träumte vom Nachtisch und vergaß.
Wie jeden Abend wurden sich Kopf und Körper fremd.

Dafür nicht

Losgetäute Inseln sind wir im gebleichten Meeresmüll,
vorgeschwärmt, abgeschwemmt, angewärmt und aufgeschäumt.
Der ewige Zwischenbericht:
Wir hatten Gänse bestellt, es kamen Rochen.
Rote Beete aber weiter im Angebot.

»Was bitte soll das?!
Sie googlen mir nun schon seit über 3 Stunden hinterher!«

Winterdepressive Frage am frühen Nebelmorgen:
»Ist es schon wieder gestern Abend?«

Prof. Mangold von Ipsen, Emmerich,
bietet sein bisher überschaubar vorverkauftes Seminar an:
Hält Natur bewusst Licht zurück?

Manchmal neigen wir und wissen nicht wozu
(Dr. Yodhari M. Harms, Meditationsbegleitung und Lachyoga,
Tübingen, scherzhaft).

Kapitel III

Privatfähre holt über

Mark Zuckerberg ähnelt, wie aus dem Ei geklont, dem immer zuvorkommend-hilfsbereiten, ersten und einzigen androiden Lieutenant Commander *Data* der StarTrek-Crew unter dem Sternenflotten-Captain Jean-Luc Picard.

Onkel | Commander *Data* | ?

Zitat aus dem Logbuch der Enterprise:
Anfangs, nach seiner Konstruktion, weigert sich Data,
Kleidung zu tragen, da er immun gegen Witterung ist.
Als dies auf vielfache Irritation stößt,
wird ihm von seinen Erzeugern
eine zusätzliche ›Schamsubroutine‹ hinzugefügt.

Ich bin fast sicher, also lebe ich!

We all know that the game has changed (Guru †2010).

Trotz eines vergnüglich metapherfähigen
Böse Zungen behaupten, verharrt manch' Mund
in provozierter Staunesstarre, wenn's heißt,
die Menschheit steuere hastig
auf eine sogenannte *Mad-Max-Situation* zu,
ich glaube nein, ich kenne doch Max!
Glauben ist inzwischen alles
und Alles die halbe Miete.

Vermutlich waren die hohen Märztemperaturen
ausschlaggebend dafür, dass im Jardin du Luxembourg
die Papageienpärchen, aufgrund erschwerender Unterflügelnässe,
sogar den Coitus Interruptus unterbrachen.

Berge versprechen

Ein Zeichen von Selbstständigkeit, nur weil sich was rührt.
Sehnsucht, die Mutter allen Tuns.
Im Triebe der Zeit. Almumtrieb, es regt sich die Mühle
am lauschenden Bach und tut sich etwas an.
Der Müller keine Zeit, das Mehl hat die Angst.
KlippKlapp, KlippKlapp, immer druff aufs innere Echo.
An winterlichen Gipfeln steh'n und Einssein mit Gott, dem Allem,
da regt sich schon das Glück im Tal,
bricht auf in aller Früh' und festem Schuhwerk
und fliegt vorbei am Basislager,
will nicht verpassen, nie
nur miterleben, was sich tut
nur gut sein, ja
und gut sein.

(»Der Widerhall«, Institut f. Sprachvermutung ISV, Bozen).

Intercity *Serengeti*

Einige wachsen unter sich hinaus,
andere begraben sich über sich.
Elefanten schlagen dünn-sensible Ohren
über dem Kopf zusammen.
Wenn sie den Rüssel hoch nach hinten schwingen und trompeten,
machen sie so ihren staunenden Babies
die Einfahrt der Dampflok in den Bahnhof,
begeistert stampfen diese dazu
die kontrollierenden Fahrkartenstempel.

Manchmal lässt man aus Neugierde Dinge geschehen,
von denen man *die kleine Ahnung Irrtum*
oder spinnwebfeinen Hauch von Zweifel herüberspürt.
Sich bedenkend stoppt man nicht gleich,
genießt noch eine Weile,
schwach aber begierig
den unkorrekten Verlauf,
Risikos Restlust,
das Internet der irrtümlichen Dinge.

Die Dramaturgie startfreier Landung

Gleichsichtig und gleitsinnig
trieben noch Séra weder Phine,
glücklich verschwisterte Buchenblätter,
auf den ohn' Unterlass donnernden Wasserfall zu
und sehr bald schon geschah nichts.
Die Dinge dienen wenig Séraphine
aber mit Haut und Haaren der Form.
Solange es ihn nicht trifft,
weiß ein jeder, wie das Häppchen Glück geht:
Schönes suchen, Engpässe serpentinisch abfahren.
Für Séra und Phine war alles
Bewegen ein Fliegen,
die Faszination der herabstürzenden Wasser
bot selbst den zahlreich neben ihnen
in kaum zu ertragendem Lärm
flatternden Engeln die Möglichkeit,
sich im vorgegebenen Kubus des Nichts zu verschwenden.

Nicht nur Musiker sind imstande,
eine zu einem Ton gehörende Oktave zu denken.
Kein innerliches Mitsummen oder Brummen im Kehlkopf also,
sondern hörbare Imagination, singende Gedanken,
ein erdachtes Klangerlebnis, selbstkonzertiert,
das sogenannte Intraoktavische Denkmodell,
Herbolzheimer funkte[2] in heißem Badewasser.
Gleich mehrere Oktaven allerdings hören die meisten,
diverse Wunderkinder einmal ausgenommen,
nur unter Voraussetzung musikliebender,
möglicherweise auf diesem Gebiet lange vornotierter Synapsen.
Dark Note: Wer sich allein von außen hört, kennt keine Lieder.

Beliebter Satz des organisierten Verbrechens:
Lasst es wie eine Maut aussehen!

Über Gedanken verrückt werden.
Über Verrücktsein Gedanken werden.
Praktisch in der Theorie.
Zum Gähnen zu müde.

2 Funkmusik entstand Ende der 60er-Jahre aus Soul, Blues und Jazz.

Ein Großteil aller Dinge ist nicht so gemeint, wie ich das gern hätte.

Denken Sie mal Früher

Die Erfindung des Automobils bot den
Freunden stimmungsgeladener Echauffismen e.V.
eine äußerst willkommene Plattform.
Ich weiß, worüber ich mich aufregen lasse.

Wir beherrschen Dinge,
von denen wir noch nicht wissen,
was diese mit uns tun
(Dirk Baecker).

»Lassen Sie Räume wahr werden!«
Möbelhauswerbung für Holodecks.

Bequem überall mit hingenommen werden, kann Einsamkeit.
Wo immer auch her oder hin, sie zapft den Wirt von innen an,
bis dieser als hauchdünnes Blatt aus dem Fenster schwebt,
wo er, ob seiner widerstandslos fremdgesteuerten Flugweise,
von frühlingsvitalen Vögeln und ihren Externgeschlüpften
eine ganze Weile kopfschüttelnd beobachtet
und schließlich sich selbst überlassen wird.

Aus den Unterlagen des Eheberaters:
Wir wollen uns nicht verlassen, wir finden uns nur nicht!

Nichts gegen Lebewesen, die Dinge aber nerven nicht minder.

Montags Ruhetag

Amsterdam ist inzwischen derart von Touristen eingehordet,
dass die Polizei Straßenbahnen den Weg freischießen muss.
Die Bewohner des Altstadtkerns
werfen nicht nur ihr Frühstücksbesteck
von Regenschirmen geführten Japanern
zum Fotografieren vor,
sie frühstücken auch mit ihnen.

Wenn der Hund seinen Schwanz hochstellt,
ist das als Wortmeldung zu verstehen.
Für alle anderen Lebewesen gilt:
Ist ein Schwanz hochgestellt, bitte abwarten,
vieles ergibt sich.

Ein fleißiges Eichhörnchen muss auch mal vergessen dürfen.

Shirt happens

Einst gab es Hemd, Jacke wie Hose,
heute übernehmen das: ein gewisser *Slim*,
seine *Crew* und der hipsterial-eitle Kollege *Fit*.
Slim Fit, Extra Slim Fit, Regular Fit, Super Slim Fit,
Body Fit, Modern Fit, Tight Fit, Luxor Comfort Fit, Shaped Fit,
Luxor Modern Fit, Classic Fit, Luxery Soft Fit, Straight Fit ...,
Alles auf dünn und tight! Alles auf eng und body!
Auf meine Frage nach einem fit-losen, oldschool-normal Hemd,
einem einfachen Hemd mit Ärmel und Kragen,
vollkommen simple-fit also,
wurde ich, nicht unbedingt luxery-extra-kunden-friendly,
aus den Verkaufsräumen geführt und eingeschläfert.

Am nächsten Morgen wachte ich rätselhafterweise, Gott sei Dank
aber weit vor Ladenöffnung, wieder in jener Hemdenabteilung auf
und las dort auf einer Infotafel:
»Beim Body-Stretch-Hemd sollte vor dem Tragen der Oberkörper
seitlich gleichmäßig eingestaucht werden. Aber, keine Sorge, unter
Verwendung einer Bügelpuppe passt sich, ungeachtet der Fitness,
deren Blähsack der Form eines Hemdes automatisch an!«

Packungsbeilage: Das moderne slim-and-fit-Hemd wird gemeinsam
mit Orthopäden entwickelt, der Blähsack einer Bügelpuppe pumpt
es eng an den body seines Käufers.
Bevor man das Haus verlässt, sollte man außerdem unbedingt darauf
achten, die Schuhinnenräume vor dem Hineinschlüpfen mit
Sekundenkleber auszulegen.

Link: *Slim Beam richtet im Fachgeschäft ein Hemdenbad an,*
Kleines Fernsehspiel, ZDF mit *slimfix*, engl. Untertitel on demand.

Meist in Romanen, aber auch in Filmen,
gelegentlich sogar im angeblich echten DaDraußen,
fühlen Menschen mit säckeweise Erfahrungsmaterial
auf den Schultern, sich berufen, etwas sagen zu können.
Sie sagen dann zum Beispiel:
»Liebe Kolleginnen, von 3 Dingen ist im Leben oft die Rede:
›Musik und Sex mit Frauen‹.«
Viele halten das Thema für vertraut,
greifen dann aber hilflos immer wieder nur
zu längst begrabenen, nervenden Standardpeinlichkeiten:
»Mit einer Frau zusammen zu sein, das sei nicht einfach.
Mit einer Frau nicht zusammen zu sein, auch nicht,
außerdem mache auch die das nicht lange mit,
je nach Herkunft und/oder Erwartung.
Gehe man nicht darauf ein, sitze man am Ende da,
gehe man darauf ein, sässen beide am Ende da,
und das wäre letztlich auch nicht übel.«
Ein HickHack und lähmendes Sitzen könnte das alles sein,
und niemand sitzt gern schon zu Anfang,
ein Teufelsritt wohl in Wirklichkeit auf brennenden Hufen.
Der Kopf rotiert, so umschreibt ob-Mann-ob-Frau den Zustand,
und wir alle wissen, wie schwer es ist,
Dinge aus tadellos laufender Rotation zum Stehen zu bringen.
Genau das aber der Moment,
an dem die Berufenen glauben, sagen zu können:
»Die Antwort, liebe Kolleginnen, lautet:
›Kein Problem, wir rufen zurück!‹«

Machtstreben, ein Hilfeschrei.
Der Hilfe fehlt meist nur die Rettungsgasse.

Kapitel IV

Hier und Jetzt ist oft woanders

Die Betrachtung unspektakulärer niederländischer Kupferstiche
mit flache Winterlandschaften durchziehenden Kanälen,
auf denen die Einwohner der umliegenden Dörfer
kältegeschützt und bestgelaunt sonntagsschlittschuhlaufen,
kann Meditation.

Bäckerblume, Ausgabe 11

Ohne die freundliche Ausdehnung
flanierender Hefepilze
schmeckt ein Leben
wie freilaufendes Weißbrot
vom letzten Wochenende.

Woher des Wegs

Begehrtwerden ist nichts Verwerfliches.
Verworfenwerden nichts zwingend Sportliches.
Nichtbegehrtwerden ist ungerecht, wenn nicht obendrein unfair.
Bestätigung ist kein ergänzendes, sondern
Hauptnahrungsmittel des Körperlosen in uns,
ein Lebenselixier, obendrein, untendraus und außerdem.

Schneebedacht

Das Rieseln von Schnee wird nicht mehr groß erwähnt,
es passiert einfach kaum noch.
Möglich, dass man es bald nur noch aus SW-Filmen kennt,
Das Weiße ist der Schnee, Sybill Trenker, 1963.
Abschüssige Gebiete werden aber weiterhin der Touristik angeboten.
Das für die Beschneiung nötige Wasser importiert man
in umweltfreundlichen Glasflaschen günstig aus China.
Auf Engpässen wird immer gern gerodelt.
Schnee muss auch gar nicht rieseln.
Wenn Schnee rieselt, wachsen die Flocken, Leni Abgruber, 7.
Im Gegensatz zum ungeduldig klopf- und prasselbereiten
Regentropfen ist Schnee eine fast lautlos wehende,
besänftigend streichelbereite Flocke, und wärmefürchtig.
Entgegen winterfixierter Meinungen ist eine Beflockung aber
zu allen Jahreszeiten möglich!

TV-Moderatorin im Nervenkostüm

»Das Interview wurde vor der Sendung gar nicht erst aufgezeichnet!«

Verbindung liegt!

Der Handystrahlenanteil innerhalb meiner Ohren
ist inzwischen derart hoch, dass sich nachts sogar
die lästige Gemüsefliege und anderes Kleinstgetier einfindet
und ungeniert telefonlos telefoniert, rücksichtsvoll leise zwar,
aber immerhin auf meine Kosten!
Während ich nichts ahnend in kochendem Blut
und allerletzten Tropfen Flüssigkeit
mit der stets ergebnislosen Interpretation
von Albtraumfetzen beschäftigt bin,
rufen ausgelassene Spinnenkinder Eltern und Freunde an,
dass sie später kommen,
Bakterien verschicken sms an Verwandte in Peru,
halbstarke Plagemücken skypen, was das Ohr hergibt,
Milben streiten sich mit Mitarbeitern der Schädlingsbekämpfung,
sogar vom Wege abgekommene Ameisen
greifen aufs GPS zu, lokalisieren ihren Heimathügel … undundund.

In der vergangenen Nacht noch
bin ich vom Anruf einer besorgten Fliegenmama
geweckt und um die Kontaktdaten
ihrer entflogenen Tochter gebeten worden.
Entschuldigung …, bin ich google?
Ich kann mich im Schlaf nicht um alles kümmern!

Secret in Love

Viele Gemälde verführen mich
zum innerlichen Nach-Rechts-Wischen.
Allzu gern male ich mir eine kleine Strecke
Vergangenheit des Dargestellten aus,
und wie es sich schließlich bis ins Bild geschafft hat.
Max Liebermanns Romantik beispielsweise[3]
sollte zwar nicht *ins Göttliche verklären,*
besser *friedlich-glücklichen Eindruck verleihen,*
und das gelingt ihr allemal sehr souverän,
da darf die Strecke Vergangenheit gern etwas länger,
sogar gewagtes Nach-Links-Wischen gestattet sein.

Bei nicht wenigen gestaltet sich Küssen
als Rote-Kreuz-Vorführung künstlicher Beatmung.
Ein Sprecher der Organisation, sachlich,
lebensnotwendig sei beides.

3 Siehe: Piet Klocke, »Kühe grasen nicht, sie sprechen mit der Erde«, Heyne, 2016.

Wenn man in das Alter gekommen ist,
da man gegenteilig dessen ausschaut,
wie man sich fühlt und damit klarkommt,
ist das Leben schöner als zu der Zeit,
da man in dieses Alter kommt
(Baldur Baldhun, 1537-1569,
»Geometrische Reaktionen und kreisender Skorbutismus«).

Porösitätenkabinett

Auch für den superweisen *Supervisor*
(gekommen, um zu helfen, *outsourcen first*)
bedeutet die ideale Form jeglicher Kommunikation:
Meinseitiges-Nehmen und Günstig-Wiederverkaufen,
Super-and-Visor-Maximieren heißt Siegen-Sagen:
»Wir freuen uns, stets im Sinne des Management Teams,
allen *Sales Assistants* selbst mit kleineren Erniedrigungen
und durch gezielte, aber gut gemeint diskrimierende Ratschläge
die Chancen unserer intensiven Einmischung begreiflich zu machen
und die zahllosen, inakzeptabel-kläglichen Versuche,
selbst untermotiviertester Ballast-Assistenten,
dead-albatross-assistants, in *best-done-jobs* zu verwandeln
und so, durch unauffällige Begleitung, edelste Stufen
höchst effizienter Gewinnmaximierung zu erklimmen.«

Wenn sich alles ums Digitale dreht,
erscheint das ganze analoge Leben
wie ein Gang durchs Heimatmuseum,
schrieb kürzlich eine niederländische Windmühle in ihrem blog.
Heutzutage malt das *Internet der Mühlen*
nur noch langsam für Touristen Mehl,
sie können es bequem im *flourcoin*-Automaten begleichen
und sich am Ausgang in Säcke füllen lassen.

Post von Alexa

Auch das *Lm-12b* Android-Smartphone kann
umgestellt werden auf Akustikerkennung,
Einstellungen Pfeil rechts, *Bedienungsservice* Pfeil Akustikerkennung.
Ist diese Funktion aktiviert, hört auch das Telefon permanent mit.
Es wird nur die Auswahl an Geräuschen erkannt,
deren Erkennung ihr in den Einstellungen selbst festgelegt habt.
Dort stehen unter anderem: *Abfallbeseitigung, Segelboot, Duschen,*
Schnarchen, Trompete und *Huhn* sowie *Streit, Muskatreibe* und
Platzender Hinterradreifen zur Auswahl. Nach dem Geräusch
erscheint ein Info-Support-Fenster z.B. mit den Angaben:
Es wurde ein Geräusch erkannt,
das nach Rollschuhlaufen zweier Personen klingt, ca. 227 kg.

Outblock I

Wie erwähnt ist Künstlichen Intelligenzien selbstverständlich, weil lebensnotwendig, das *Belohnungsprinzip* eingegeben. Wird das Programmierte zur Zufriedenheit seiner Auftraggeber umgesetzt, darf KI sich ein paar Minuten entspannen, gamen, offlinen, auf Wunsch sogar mit Kolleginnen im Darknet kleinere harmlose Illegalitäten praktizieren.

KI ist das silikonisch-beglaubigte Kürzel AI in german, die Wissenschaft nimmt an, beide seien inhaltlich identisch. Ein Unding, dass AI immer noch mit »Amerikanische Intelligenz« übersetzt wird.

Will man KI auf komplexe, emotionsnahe Phänomene trainieren, füttert man sie mit allen verfügbaren Mustern dieser Phänomene solange, bis eine berechenbare Annäherung vorliegt, mit der mathematisch seriös, also näher als nah, gearbeitet werden kann. Zeigt man der KI beispielsweise das ganze Arsenal von Fotos und Filmen *Menschlichen Ungehaltenseins*, lässt sie dazu noch sämtliche literarisch verblogged und verdrawten Veröffentlichungen zu dieser Thematik anschauen, lesen und auswerten, erarbeitet sie sich eine metrische *Ungehaltensein-Schablone*, die sich *Ungehaltensein-Entdecken* nennt. Menschen sind imstande, das wohlwollend als »Ähnlichkeit« zu akzeptieren, denn noch entscheidet *Homo Mollis*, mollis: sensibel, affektbereit, zart und n i c h t dick!

In diesem Umfeld guter alter Mengenlehre werden urplötzlich Unmengen als »Unverantwortlich Viele« bezeichnet, solche, die, aus dem Gesamtpool herausgeplumpst, die Flucht aus der Menge ergreifen oder, nach einem Aufprall, längere Zeit erhebliche Identitäts-, und Zugehörigkeitsmängel aufweisen.

Die klassische Ur-Menge, sie wurde in fachfernen Kreisen groteskerweise zur Un-Menge niederbezeichnet, spielt hier nur noch eine begleitende Rolle, bleibt aber, innerhalb der Grenzen des *Hölz'schen Unlogik Nebels* (Gebhard Hölzl, 1876), durchaus berechenbar, wird für den klassischen Mathematiker sogar jetzt erst richtig interessant.

Zusatz: Von *Zahllos* wird dann gesprochen, wenn,
in naher Verwandtschaft zur Unmenge,
ein *erschröcklich' Übermaß Zahlen* vorliegt,
ein in kafkaesker Vorstellungswelt vielleicht mögliches,
im Mathematischen allerdings undenkbares,
weil eingrenzendes Phänomen.

Inwiefern eine auf Gefühle, in unserm Beispiel menschliches
Ungehaltensein spezialisierte KI zur Erschaffung von Kunstwerken
fähig ist oder dazu neigt, die der Mathematik – und eben gar nicht
einer nach explosiver Entladung, tröstender Erleichterung,
spekulativ eigenpsychologischer oder sonstiger Abarbeitung
strebenden Empfindung des Künstlerischen Geistes – genügt,
mögen die Geschmäcker, die menschlichen Ästhetika oder andere,
an diesem Thema interessierte KI, entscheiden.
Was ich nicht weiß, macht es mir heiß.
Auch kalt ist Emotion.

Das ausgedruckte Sein:

1. *KI-Kunst ist künstlerlose Kunst.*
Sie will sich nicht mehr verständlich machen (Peter Glaser).

2. *Nicht das von einem Algorithmus unterzeichnete Bild ist Kunst,*
sondern der Algorithmus selbst (Süddeutsche Zeitung).

3. *If music be the food of math, count on*
(Halm Kossleck, »Feeling plus us«, 2022).

Outblock II

In der Zürcher Altstadt entdeckte ich im vorigen Jahr das draußen vor einer Hochschule aufgestellte Schild mit der Kreideaufschrift: *Selbsterfahrung 1. Stock!*

Parade nach dem Wind flatternder Sprachfahnen

Die ewige Frage, wer Herr, wer nicht.
Diktatoren waren und sind sich
der Macht der Sprache stets bewusst.
Lenin kam zu dem Schluss:
Die wesentliche Voraussetzung
für die Zerstörung bestehender Ordnungen
ist die Zerstörung von Sprache.
Onkel *Data*'s Avatar überträgt Demokratie in emoji.
Alexa weiß widerspruchslos:
Überhaupt kein Problem!
Selbst bei intensivster Einwirkung
bleiben noch verwertbare Reste und Abfälle.
Siri fährt engagiert dazwischen:
Bitte umgehend Auberginen nachbestellen!

Die meisten, nicht existierenden Menschen
werden größtenteils noch geboren.
Wer nicht da ist, soll nachkommen
(Sokrates, »Die süße Last des Unerscheinens«).

Kapitel V

Synapsenflattern

Die Kunst der Fuge.
Die Künste der Fügen.
Die Kühnste der Fugen. Die Kühnheit des Fügens.
Im Kopf eines Zuchtpferdes geistert seit Tagen die Idee
für eine Komposition nicht unähnlich einer Bach'schen Fuge.
Gleichzeitig aber auch die Ernüchterung,
einen solchen Einfall in diesem Pferdeleben
niemals je verwirklichen zu können.

Der Umstand der Pferde.
Die Ungunst der Fügung.
Der Flügel von Johann Sebastian.

Draufgängerisch-angstfreie Wildpferde
versuchen es zweifellos,
stolz und kühn,
das Bach'sche Prinzip.

Geburt ist keine Voraussetzung für Sein.
Mit ihr gehört der Mensch zum Schwarm der Todesfalken.
Eine beliebte Affirmation lautet, nicht dazuzugehören.
»Warum auch?!« (Mante Raumfahrt, 1979).

Immer die Autofahrer

»Ob ich schnell oder langsam fahre,
Freiburg will einfach nicht kommen!«

Wer sagt, er hätte das Gefühl, dass, meint Hoffnung auf.

Schaue ich in meinen kleinen Vorgarten,
befürchte ich weniger die Maschinen,
als dass der Mensch recht bald,
oder wie wir heute hip sagen: zeitnah,
von den sich explosionsartig vermehrenden,
nonveganen Maulwürfen verspeist wird.
Das Tier sieht nichts,
wir sollten ihm nicht böse sein!

Der Begriff *Sensualist* meint den stolzen Träger,
keineswegs nur die listige Anwendung einer Empfindung.
Sensualust jedenfalls ist hier stets mit von der Partie.

Somnam, Somnam, Somnambule

Ende des 19. Jahrhunderts wurde sämtliche Nachtarbeit
von polnischen Schlafwanderern erledigt.
Stichprobenkontrollen ihrer Arbeitsgenehmigungen
übernahmen Polizeibeamte, die in Wirklichkeit daheim
in den Armen ihrer Ehefrauen zu träumen glaubten.

Die sich diesen Phänomenen umfassend nähernde
Somnologische Psychologie erwachte erst viel später,
kurzzeitig scheingeschockt.
Erhebungen zum klassischen Schlafwandler wurden angeblich
von Schlafwandlern selbst, während des Schlafwandelns
gemacht. Die meisten Schlafwandler allerdings wissen nicht,
dass sie welche sind, glauben auch nicht, wären sie welche,
unter diesen Zuständen Block und Bleistift mitführen zu müssen.

In manchen Nächten sollen in der schlafenden Republik
ganze Städte unterwegs sein, die sich aber, und das gibt
den Wissenschaftlern in schöner, noch bezahlbarer Regelmäßigkeit
Rätsel auf, nach getanem *sleepwalking* ordnungsgemäß wieder
zurück in ihr Bett begeben, um dort die bis zum Aufstehen
verbleibenden 1 bis 2 Stunden in vollen Zügen zu genießen.
Gern in den Armen der vermeintlich ahnungslosen Partnerin,
sofern diese nicht zurzeit in ähnlicher Mission aktiv ist.

Das unbewusste, scheinbar ziellose Herumirren
ist aber durchaus kein deutsch-spezifisches Phänomen.
In Amsterdam z. B. wollten im vorigen Jahr 3 schlafwandelnde
Juwelenräuber in einem Nacht-Supermarkt mit der noch nicht
einmal ganz zu Ende gelöteten Krone der schwedischen Königin
und anderem Diadem 4 Dosen Amstelbier bezahlen.
Sie wurden vom diensttuenden Hausdetektiv vorsichtig geweckt.

In Südindien kam ein T-Shirt-Hersteller in Haft, der seinen Mitarbeiterinnen das angebliche Wohlgefühl beim Schlafwandeln derart hypnotisch angepriesen hatte, dass diese ihre zusätzlichen 8 Stunden Nachtarbeit nicht bemerkt hatten.

Drehbuch[4]

Ein Polizist und ein Bankräuber gehören zur Gruppe der Mondsüchtigen. Es ist 20:34 Uhr, beide agieren gleichzeitig:

1. Nach 2-stündiger Einschlafphase steht der Bankräuber leise auf, um seine Gattin nicht zu stören, zieht festes Schuhwerk und eine durchlöcherte Skimütze an, verlässt schlafwandelnd das Haus und bricht, zufrieden lächelnd, in eine Bank ein.

2. Nach 2-stündiger Einschlafphase steht der Polizist leise auf, um seine Gattin nicht zu stören, zieht festes Schuhwerk und eine schusssichere Weste an, verlässt schlafwandelnd das Haus und verhaftet, zufrieden lächelnd, den Bankräuber.

Vor Gericht streiten beide alles ab,
die Gattinnen geben ihren Gatten wasserdichte Alibis,
in der Nacht nach der Verhandlung
macht der Richter kein Auge zu,
schläft aber innerlich wie ein Stein.
Als seine Gattin um 22:34 Uhr neben ihm
leise aufsteht, um ihn nicht zu stören,
sich für eine Nachtwandelung geeignetes festes Schuhwerk …

4 Bereits während der Vorpremiere aus bisher unerfindlichen Gründen abgelehnt.

Es soll ein indianisches Waldkräutergebräu geben,
nach dessen Einnahme sich der Mensch entfühlt,
sich an seiner Umgebung vollkommen unbeteiligt,
zunächst solipsistisch gleichgültig, später präpersonal
und letztlich unexistenziell wähnt.
Das sieht eindeutig nach Verschwinden aus.
Schamanen empfehlen zur unaufgeregt-reuelosen Rückkehr,
3 mittelgroße Äpfel ohne Schale
in 9 gleich große Teile zu schneiden,
dazu einen klassisch englischen schwarzen Tee,
traditionell gegen 16:10 Uhr.
Die Erdanziehung zieht auch hier unbeeindruckt an.

Was sich dreht, beschreibt einen Rundweg und neckt sich dann.
Was nicht wirklich verschwindet, kann nur kurz ums Eck sein.

Wenn ein Automobil vor Ihnen übertrieben langsam fährt,
mag es sein, dass der Fahrer längst ausgestiegen ist
und zu Fuß geht, um pünktlich zu Hause zu sein.
Allein das selbstentscheidende Gefährt weiß
derlei überholte Allüren zu unterbinden.

Begriffestutzen

Nur halbherzige Bildung,
Intelligenzparzellenneuverdrahtung (IPND) schon gar nicht,
erlangt, wer, vor lauter hochgradiger Begeisterung
und atemnehmendem Staunen über die pure Existenz von Begriffen,
deren Entstehungs- und Komponentenhistorie
zu durchleuchten und verstehen versäumt.
Erleichternd kommt hinzu: kaum gedacht, gesagt,
klappt das *Überschaubar Geistige* irgendwo hinter uns ins Nichts,
man steht mit seinem verführerisch-launigen Lustprinzip auf Anfang,
parat in kindlicher Erwartung, doch weder Auffangnetze noch
wildflehendes Armefuchteln
bringen auch nur den Hauch des Gedachten zurück,
Bildung entstutzt.

Hubert, sollte ich Sie irgendwann einmal
bei einem Mitgefühl erwischen, lasse ich Sie einweisen!
(Polizei-Dienststellenleiter Girwidz, BR-Serie *Hubert und Staller*).

Beobachtet man sie gründlich beim Gründeln, wird offenbar:
Schwäne sind auch nur weiße, große Enten!

Erkenne die Lage [5]

Unwichtig zu registrieren,
dass man als *Junger Hüpfer* ein solcher
und Registraturfutter für später ist,
weshalb kreisende Beckenbewegungen
in durchschwitzten Tanzdielen so oft es geht
Synapsen nicht nur erzittern lassen sollten.
Interessant aber ist dereinst und ebendort leicht zu erkennen,
dass man ein *Alter Hase* ist,
einer, der möglicherweise sehr wohl weiß,
wo und wie der Hase hoppelt
und was zu Ostern von ihm erwartet wird.
Dazwischen existiert vielfach
eine Menge mittelalter Hasen,
denen bestenfalls noch nicht auffallen will,
dass sie längst hoppeln
und wohin und mit wem
und warum Ostern und Hasen überhaupt.

Im Flugmodus am Boden telefonieren.

5 Titel: Gottfried Benn.

Damals, als Smartphones das Diktiergerät ersetzten,
glaubten viele, dass durch Sprachaufnahmen
die Geräte schwerer würden.

Fake ist besser als sein Ruf

In der Innentasche einer lange nicht getragenen Jacke
finde und lese ich auf einem kleinen Zettel
eine *1* und die beiden Worte *Hose* und *Reis.*
1 Hose Reis …? Wird Reis jetzt nicht mehr in Beuteln verkauft?

Nun, Knöpfe tun es auch,
dauern nur länger und
können den Magen verschließen.

Durch die Schrift
verschaffte der Mensch sich
eine Vorstellung von Sprache
(Myrrl Hadzik, Teilchenbeschöniger seit 1793).

Sprechübung für Schauspielschüler*innen,
Round&Round we go – und Tempo, Kinder!

Wäscherei Holzapfel Heißmangel
Holzhandel Heißapfel Wäschemangel
Heißhandel Mangelholz Apfelwäsche

Für den Heimweg: *Abhandelsgekommende Handelsabkommen.*

Carbon-Rennräder werden Menschen ab 40
nur noch zusammen mit Treppenliften verkauft,
ab 60 gelegentlich Fotos von Carbonrädern
und täglich Carbon-Treppenlifte.

Schlafen ist tierisch.

Eine endgültige Antwort ist der Tod ihrer Frage.

Krassische Vorurteile

Wer im SUV fährt, sitzt patriarchisch oben, gehoben, thront über den andern, den gestauchten, geniederten, kleingehaltigen Loosern.
Ihm oder ihr ist die linke, die Überholspur vorbehalten,
alle restlichen dienen als Überholt-werden-Spuren,
auf ihnen das lästige Überholt-werden-Material, kurz: Pack.

Vertreter*innen der Generation *Ein bisschen Kokain schadet nicht,*
setzen ihre Nachkommen gern in ausladende, 640-PS-starke SUVs
und fahren sie zur Kita *um die Ecke.*
Wer mit dem komplexen Thema »Schubleistung und Bremswege«
unvertraut ist, stoppt besser in der Kita, bevor noch etwas passiert.
Hindernisse aus dem Wege oder tiefer hinein ins Gebäude zu
räumen, dazu ist keine Autobahn nötig, nur ein befreundeter Anwalt.

Mit einem solchen ging jetzt die Gruppe
SUVeränes Rüdesheim vor, gegen den ihrer Meinung
die Hierarchie falsch darstellenden, anspruchsfernen Begriff
Nachkommen. Ein standesgemäßes
Vorkommen sei wohl das Mindeste.

Die klassische Kindergärtnerin gibt es längst nicht mehr,
ein Begriff aus jenen Tagen,
an denen Kinder noch regelmäßig
gegossen werden mussten.

Auf der Peripherie

Mein Paralleluniversum steht immer parat.
Wäre es unparallel positioniert, ich müsste vielerorts, vor allem alltagsseits, auf liebgewonnene Bequemlichkeit verzichten.
Wenn zum Beispiel jemand auf der Autobahn die linke von 3 Spuren über Wochen blockiert, schalte ich, nach Gewährung der gesetzlich vorgeschriebenen, 8-minütigen Toleranzpauschale, paff, zunächst entspannt in mein Paralleluniversum, überhole dort rechts
und springe danach augenblicklich zurück
in die reale Echtzeit deutscher Beharrlichkeit.

Auf diese Weise bleibe nicht nur ich im legalen flenzburgfreien Bereich, auch der gänzlich unbehelligt Überholte wird in seinem individuellen Fahrverhalten in keinster Weise beeinträchtigt.
Ahnungslos und weder von parallelen, schon gar nicht elliptischen Universen tangiert, führt er nicht selten eine 4 bis 5 Kilometer lange, treue Gruppe tobsuchtsanfällig schwitzender Gefolgsleute an.
Ihm seien derlei Stunden voller Geselligkeit
auf dieser seiner Spur gegönnt.

Weil Frauen anfangs häufig
auf zwei Rundungen sitzen blieben,
konstruierte die Evolution ihnen
auf der gegenüberliegenden Seite,
im oberen Bereich, zwei weitere,
zur Attraktivitätssteigerung und Nahrungsabgabe gleichermaßen.
Erwartungsgemäß auch hier wieder die Zahl 2
in einer evolutionärtypisch konservativen Doppelrollenbesetzung.
Silikon war in jenen Tagen noch
eine Gemeinde des Kantons Zürich.

Mit uns wird die Selbstvergessenheit geboren.
Erkenntnisse lenken ab, wovon, ward wortgetreu vergessen.
Bildung ist nicht simple eckdatenverbindende Anhäufung,
sondern Verantwortung für Wissen.
Buchführung allein sollte man zu 98 %
so schnell wie möglich aus tiefstem Selbst vergessen
und analogen Fachgooglisten überlassen,
erinnern tut sich eh', nach Verjährung,
nur noch die pingelig-elitäre cloud silikonischer Herrschaftsclubs.

Die oft fälschlicherweise als *Gründelwale* bezeichneten *Grindwale*
schwimmen ein von sozialem Verhalten streng geprägtes Leben.
Der Leitgrindin oder dem Leitgrind wird blind gefolgt,
tragischerweise immer mal wieder, aus Heißhunger, Neugierde,
Übermut, in zu niedriges Wasser oder gar
aus diesem heraus auf todbringende Strände.
Der *Gründelwal* hingegen, ein Männchen, lebt allein in 9.000 m Tiefe
und ist 82 m lang. Es gibt von ihm nur noch 1 einziges Exemplar,
mysteriöserweise bekam es bisher niemand zu Gesicht.
Hauptnahrungsmittel: *Muskulöse Wanderanemonengrundletten.*
Über sein soziales Verhalten kann man nur spekulieren
oder gründelnd verzweifeln.

L'Associatier assoziiert uns zu Tisch

Weisheit kommt beim Essen.
Der Löffel, kein domestiziertes Messer.
Bei der Betrachtung und Beurteilung zog der Pedant,
hauchdünn zwar, aber immer wie aus Pistolen geschossen,
der allgemeinen Ästhetik die der Geometrie vor.
Sehen und Erleben standen lange Zeit
in ständigem, diplomatischen Austausch.
Die Gabel liebt die Abwechslung, das Messer den Schmerz,
der Kommissar das Zeugenschutzprogramm.
Nach seiner Entlassung eröffnete
der Koch seine eigene Restauration.
Ein Stern will verkocht sein.
Schutzgeldzahlungen, smart und unbürokratisch wie gehabt.
Jeder Stern, ein Schutz mehr.
In Tüten assoziieren ausgelöffelte Suppen unkoordiniert.

Wer im stets empfohlenen Uhrzeigersinn lebt,
geht auf bestgewarteten Wegen der Fremdenverkehrsvereine.
Wer gegen den Uhrzeigersinn lebt, wird jünger.
Hält er sich dann noch zu lange auf Grundeis auf,
klebt er fest wie Zungenspitze an gefrorener Ampel.

Anderswo gehört das Meiste zur Grunderstattung.

apple an mich:
Unsere Computer haben Empfehlungen für dich gefunden!

ich an apple:
Mein Computer hat reichlich Empfehlungen für Sie gefunden!

Beim Barte des Berufsverkehrs:
Sobald ich einen Parkplatz gefunden habe,
werde ich die Welt verändern!

Siri preist nachts um 4
einen gerade auf den Markt geworfenen
Sneaker so lange an, bis der tiefschlafende user
mittels der missmutig klingenden, kurzen und tiefen
Schnarchlaute eines satten Bären,
nichts ahnend einige Paar bestellt hat.

Der Grüne Hut

Die Frage *Sind Sie ein Mensch?* per Klicks auf diverse
amerikanische Ampelkreuzungen beantwortet,
übersetzt mein Computer den Allerweltssatz:
Nach bitterer Gänze beginnen die Niederlagen
in unbeeindruckt-selbstbewusster Schlichtheit mit:
Hinter der Grenze beginnen die Niederlande.

Dass wir uns von einer Suchmaschine
nach unserm Menschsein fragen lassen
und antworten wie Erstklässler,
wird allein aus dem Wissen heraus toleriert,
dass die niemals ausreichend informierte Maschine
noch lernen, sich unentwegt Input zur Verknüpfung geben muss,
in diesem Fall über menschliche Signalgeberinstallationen
zur Verkehrssteuerung, letzter Stand:
Großer Mann mit grünem Hut vor grüner Ampel,
wem weiche ich aus?

Sokrates, Freud und viele andere wussten nichts.
Inzwischen ist eine Menge *Wissen darüber* hinzugekommen.
Dennoch, selbst in unserer hochinformierten, gepunktnullten,
durchdigitalisierten Zeit betreibt großes *Unwissen* Unwesen.
Das *Die Schattenseite des Wissens* genannte Phänomen
verunsichert am meisten die, die bereits das Wissen für einen
Wegweiser unmittelbar ins nebulöseste Gedankendickicht hielten.

Erst jetzt, da man sich beinahe flächendeckend darauf geeinigt hat,
den größten Teil Wissen gar nicht wissen zu müssen,
scheint die Lage vordergründig entspannter.

Mit einem Mal sind Wissen und Unwissen keine Gegensätze mehr,
schließlich weiß jeder anders, der eine mehr, der andere weniger,
und obwohl die mathematische Formel so schnörkellos-nüchtern
wie scheinbar entlastend erklärt:

Wird das kollektive Wissen größer,
wird der Anteil am Gesamtwissen des Einzelnen geringer,
findet sich bei der Behandlung und Verteilung
von Wissensmengen auch gleich so mancher Scharlatan ein.

Eine sich dem Umgang mit Unwissen widmende Forschungsrichtung heißt *Agnotologie*, der sogenannte *Schatten der Erkenntnistheorie*,
das »Studium kulturell und industriell gemachter Ignoranz«,
leider immer noch nicht verfilmt von David Lynch.

Als agnotologischer Laie, vor allem aber unverbesserlicher
Romantiker, bin ich liebend gern kein Experte in Sachen
egomaner Marktwirtschaft und ihrer Machenschaften,
haben wir doch alle an der lieben Liebe noch reinsten Liebesbedarf.

Vielfach aber auch hier eigennützige Inszenierung
ohne Netz und doppelten Rittberger, auch hier die
Produktion Unwissen nicht unübliche Dramaturgie.
Wird über die Massen Unwissen verbreitet, mag niemand
sich wundern über krude Verschwörung und Kernerschütterung,
da stehn sich Demokratie und Liebe in nichts nach.

Im Sinne Houdinis sei es ein letztes Mal verknüpft:
Die Simulation von Gedanken sind nicht die Gedanken selbst.

Immer bruchstückhafter, in mitreißender Begeisterung, entwickelte er seine Theorie okkulter Spracharchitektur
Ich gebäude mächtig, du gebäudest mächtigst, er …,
Sprachplatten verschieben Vieles, leider aber nicht zwangsläufig wieder zurück an seinen Platz.

Unter Stress und Druck aufblühend
bei fernem Hinsehen hilfestellend
kann Fantasie religionsähnlich süchtig machen
genauso aber auch wirken
als stark absaugende, entziehende Kraft
Schutzengel ratlos wie Vitamin D

Tatort

Bei Coiffeur *Häärlich* wurde
5 Tage hintereinander
immer derselbe Mann frisiert,
die Spurensicherung sicherte später die späärlichen Spuren.

Maschinen sind menschenberechnet-menschenberechnend
auch imstande, alles, was es gibt, zu Musik zu machen,
in Komposition zu setzen, metrische Notation,
das *A-moll*-über-*7-Mengen-Phänomen*, P. Maffay.
Die Grazer Symphoniker haben jetzt die ersten Humanoiden
verpflichten können, Tuba, Harfe und Dirigenz.
Man hört nur das Beste.

Volksmusik allerdings ist davon noch weit entfernt.
Nachdem eitle Maschinenvirtuosen dort, um jeden Preis
auf menschlicher Hülle bestehend, Perücken aus Echthaar
gefordert und schließlich bewilligt bekommen hatten,
drohten ihre menschlichen Musikerkollegen, sich aus Protest
komplett auf stupide Kammproduktion zu verlegen.

Erste Paletten Butterbrotpapier müssten geliefert sein.
Gefühle sind ein Menschenschatz.
Täuschung auf allen Etagen, angeblich ein Trainingsprogramm.

Mit der app *Der Schmettermacher* kann man sich Schmetterlinge unter die Bauchdecke holografieren und unter butterfly.de/bauch teilen.

Nicht nur vor 2000 Jahren gab es Menschen,
die glaubten, dass in Früchten Licht enthalten ist.
Zu jener Zeit betrat ich freitags nachts obligatorische Diskotheken
mit einem ähnlich veranlagten Oberhemd.

Tagebuch, 8. Juni, 16:38
Testament zu meinen Gunsten geändert.

Kleinkalibergewehr I [6]

Endlich bargeldlos!
Endlich Banken retten, ohne dabei sein,
ohne mitbestimmen, ohne sich selbst retten zu müssen,
bequem im Hintergrund.
Wenn der Kunde bemerkt,
dass sich, außer stetig steigender Führungsgebühren,
auf seinem Konto nichts mehr bewegt,
bleibt ihm garantiert noch die Verantwortung
und das Immer-schon-Gutgewussthaben:
Geld ist nicht alles,
nur ein Wert,
die Macht der Bank aber höchstes Anlegen.

6 Der verstörungstheoriepotente Begriff »Kleinkalibergewehr« steht einzig für: *Hilflosigkeit inmitten sizilianischen Blutdrucks.*

Paris, wo jedes Du ein Ast ist,
an dem ich hänge als ein Blatt,
das schweigt und schwebt
(Paul Celan, »Auf hoher See«).

Schwarzgeldbewegung jetzt Ertrags-Umwidmung.

GroKo – Große Kollektion (in Memoriam Karl).
ÜVö – Überbevölkerung.
KliKa – Klimakatastrophe.
KliKa-Plätze – Standorte zur Beobachtung von Klimaverschiebungen.
KüliTel – Künstliche Intelligenz.
Uzerög – Umweltzerstörung.
Ehumisi – Enthumanisierung … usw.

Ohne Frauen würde man sich in manchen Gegenden fragen: »Die vielen, wunderschönen, jungen Mädchen zwischen 18 und 26, wie haben die Männer das bloß geschafft?!«

Eines aber so sicher wie ein gleichschenkliges Fotomodell:
Zukunft immer jung in spe, Jetzt und Vergangenheit immer alt.
Jeder und seine Hobbies, zeitsüchtig.
Vergangenheit gehört vielerorts allen und weist traditionell
diesen leicht bemoosten Beigeschmack aus der Region auf.
Gegenwart bezieht nicht immer *Liebend-gern-aber-muss-ja*-Elemente aus der Vergangenheit, deren Erfahrungen, Erkenntnisse, Errungenschaften, aber auch Unbelegtes, an den Haaren von Schlachtrössern Herbeigezogenes oder dreist Gefälschtes in den eigenen Ablauf ein, sofern es nur das Ansehen mehre, die Position zwischen den beiden Supermächten vor und hinter ihr stärke.
Hier und Jetzt ist oft woanders, witzelten einst der immer leicht
beschwipste Cassiodor, Historiker um 468, und sein ägyptischer
Kollege, Astrophysiker Oramidis, und zwangen schon damals
Fakten aufs Kostümfest.
Was aber heißt denn wann und wo zukunftsorientiert?
Der Orient historisch alt, auch hier die Zukunft stets ganz vorn,
Verhältnisse global verhältnismäßig, zeitgleich,
Parole *f*oreverjung, 5 Firmen braucht der Weltenmensch:
apple, IBM, *f*acebook, amazon, microsoft, alphabet/google,
Tencent Holdings, Alibaba, 40 Räuber ..., der Frisör sitzt!

Das Internet der Undinge

Dagegen einige.
Dafür Ewigmorgige.
Enthaltungen trendy.
Vorsicht die Mutter.
Im Biomarkt Litschi.

Schatteneifrige Lichtverhältnisse ließen mich
den entgegenkommenden Vater mit Sohn
als *Ein Kamel* ausmachen.

An winterlichen Tagen mit Dreiviertelstundenhelligkeit
schläft mir selbst die Erschöpfung unter der Hand ein.

Erfolgreich Möglichkeiten finden, die unmöglich funktionieren

Scheitern ist der Seemannssprache entliehen,
Scheiten, die splittern, wenn der Rumpf zerschellt.
Ganz ohne Knall knallt es nicht (Alfred Bernhard Nobel).
Wer aus dem Flugzeug fällt, erhöht auf schnellstem Wege
den Sauerstoffgehalt des Blutes (Typisch Airlines).

Manchmal sehe ich nicht, was ich glaube.

Paarweise

Er: »Hast Du was?«
Sie: »Es ist nichts!«

Die Steigerung von Pseudonym ist man selbst.

Einer der Mitarchitekten am Borg-Projekt, Hans Christian Bezos,
erklärt, das wichtigste Thema für unsere Zukunft sei die Privatsphäre.
Die hat zwar nichts mehr zu suchen in den
überwachungskapitalistisch-antidemokratischen Markthallen
des noch immer beinahe rechtsfreien Raums, allein,
wer eine besitzt, weiß worüber er spricht.

Englisch prägt sich immer tiefer.
Endlich wurde auch der *Mitarbeiter* zum *Co-Worker*.
Statt höherem Niveau zuzustreben,
verschob pure Lust am Zeitmangel
die Intelligenz in noch unbesetzte Nischenbereiche.
Leben ist ein nojoke.
No fake, no cry (Bob Marley, 1974).

In den Riffen unserer Weltmeere taucht der *Thalys TeGeVeliensys* so gut wie gar nicht mehr auf. Er zieht es vor, die mannigfaltigen Möglichkeiten der Großstadt zu genießen.
Endlich frei. Endlich ohne Angst, mit zentnerweise Plastikmüll angereichert auf Traumstrände zu rollen und von Touristen und ihren mitleidig-ratlosen Gesichtern in nasse Tücher eingewickelt zu werden. No more watching!

Oben das Foto eines ausgeglichenen, bestens integrierten Exemplars mit ansprechendem Seitentatoo bei der Einfahrt Gare du Nord.

»Danke, dass ihr alle mein Glück geliked habt!«
Das Kind ward unter einem glücklichen Like geboren,
zur Erinnerung wurde es Like getauft.
Wenn der Mensch keinen Namen besitzt,
heißt er auch nicht!

Auf Du komm' raus

Du, nur Du allein.
Du bist das, was Du aus Dir zu machen in der Lage bist.
Du machst vielleicht pro Woche 5000 x nacheinander
etwas anderes aus Dir, egal, es ist Du.
Auch, was Du vorgibst zu sein, bist immer Du,
was Du dir erträumst, Du.
Gelingt das alles nicht,
machen andere aus Dir, was Du bist,
pro Woche 5000 x nacheinander,
geben vor, Du zu sein, erträumen Dir Dich,
sind Du, nur Du allein,
wie smart Du bist!

Kapitel VI

Die eisernen Tauben des Hephaistos

Die Inspiration der Columba *Mathilde*

Tauben besitzen *Die Kraft der 2 F*:
Frieden/ Fieder/ Feder/ Füttern/ Freiheit/ Fögel/ Freier Fall.
Wer einen weißen Streifen auf der oberen Schnabelhälfte zeigt,
ist bereits vergeben. Ältere Tauben sitzen tiefergelegt.
Sie springen auch nicht mehr oft und übermütig hoch,
kichernd in den Flug hinein.

Mit fundiertem Wissen über *Thermikschläuche, Schlagflug* bei
Übergewicht und *Gleiten* als aerodynamische Zen-Routine plumpsen
sie wie tot vom Ast, nach rechts oder links, egal, öffnen kühl und
souverän 3 bis 5 Sekunden später ihr Flügelwerk und lassen sich die
im Gelenk zunehmende Arthrose mit keinem Schlag anmerken,
Freiheit, frei wie ein Fögel, herrlich.

Tauben auch wie geschaffen für Philosophie.
Erst durch sie ward' ewig' Streben,
Sinn-Erkenntnis, Wesen, Ding und Plan, Feder und Raum,
Frieden, Eier, Selbst und Käsekuchen fremder Teller.
Davor der blanke Starrsinn nicht nur Amtsdenken,
tumber Vergleich der Gegebenheiten durch blindes Antasten usus
und kleinste Reflexion höchstens
Trugschluss dämonisch-verstörender Licht- und Schattenspiele.

Rundflüge entstehen so. Aus hochkonzentriertem Stand.

Das Gurren der Tauben erwächst beim innerlichen Kochvorgang
dieser überemotionalen Tiere. Meist gegen 14:00 mittags.
Sie regen sich für gewöhnlich zu schnell auf, obwohl gar nicht
danach aussehend, fressen letztlich zu viel Ärger in sich hinein.
Davon gibt es stets reichlich im uneinig' Reich der Lebewesen,
die immer schon mit eigenen Beteiligungen nicht umgehn konnten.

Fließende Grenzen jedweder Freiheit
umspülen lästig das Denken
nicht nur von Philosophiestudenten.

Sanft gurrt eine Taube sich mittagsschläfrig
die kleine Träne unter die angelegten Flügel,
ihr Atem entspannt-langsam und regelmäßig.
Sie träumt vom Markusplatz, von Kreuzfahrtschiffen
mit mehr als 10.000 Passagieren und einer endlich besseren Welt.

Luft ist Wasser, Vogelflug Surfen.
Vorfreudig und kraftvoll erklimmt die Taube
den höchsten Punkt der idealen Welle und lässt sich,
quietschvergnügt zurück nach unten spülen.
Die Möglichkeit, anders zu sein, ein Schlag ins Glück.

Tauben aber sind uneitel, überhören *Den Diskriminierenden Zuruf*
und verursachen um Stolz und hohen Selbstwert keinen Lärm.
Sphinxgleich und reflexionsbegierig schmiegen die Tiere ihre Körper
um Sims und Ast, verharren so in stundenlanger Séance,
die Lider halb geschlossen und geben dem, der mag, schlicht: Anlass.
Die auffallend penetrante Animation des Täuberichs,
sein nervend überhasteter Vollzug ehelicher Abmachung,
selbst Niederkunft und Aufzucht neuer Täublinge,
das lässt sein Weib geschehen in *Stoa* und *Grandezza*, unaufgeregt,
abgeklärt, akzeptierend, gelassen, die Seelenruhe der meist treuen,
weiblichen Taube – neudeutsch korrekt *Täubin* gerufen.

Jedoch, wo warten die Nester, wo steht die Kinderstube?
Ward jemals irgendwer eines tapsig-süßen Taubenbabys ansichtig,
genombedingt lustig den Babykopf beim Spaziergang
vor- und zurückschiebend wie die Großen
und nach Nahrungsergänzung fiepsend?

Es geht das Gerücht, die Taube durchlaufe weder Kindheit noch Pubertätsverwirrung, es gibt ein Ei oder davon 2 und inhaltslos und stopp, nichts weiter dann, die Eierschalen zerbröseln in den vermessenden Händen rätselnder Taubenforscher.

Die Wahrheit liegt,
ganz klar und wahr,
traditionell im *Mysterial*:

Ein Plopp nur unweit vom Gelege, und schon steht stolz,
der Wissenschaft bislang verborgen, leicht wacklig noch,
das frische Taubentier erwachsen da, vom Babyspeck befreit
und Mutter Täubin wie aus dem Gesicht geschnitten,
Flug- und Gesangsunterricht überflüssig, alles an Bord,
so macht Privatsphäre Spaß.

Dazu noch das musikalisch auszusprechende *Anisodactyle*:
3 Zehen vorn und 1 Zeh hinten – Zukunft auf sicherem Geläuf!
Das neidet der Mensch, der den *Fall-nach-hinten*
Achill und dessen Ferse anvertraut
und den begeisterten *Tatendrang-nach-vorn*
5 kleinen, wackeligen Zehen,
die mehr mit fragwürdigen Kämpfen gegen Deformationen
durch modisch aktuelles Schuhdesign,
Attacken mykologischer Schmarotzer-Gangs,
sowie Sauerstoffmangel durch Farblackübermalung,
Überflusung durch tagelanges Festhalten
an ein und demselben Sockenpaar
und generell unbekümmert lächerlicher Hygieneverfolgung
·*Füße sind mir zu weit entfernt!*·
als mit gleichgewichtig-verantwortungsvoller Unterstützung
der Standhaftigkeit ihre Zeit vergeuden.

Auf die uralte Frage des Homo Sapiens
»Bin ich wirklich der, den ich kenne?«,
antwortet die Sphinx in unserm Garten
(*Taube Melanie*, 7, noch alleinstehend, fröhlich geringelt,
sportlicher Typ und meist Höhe Kirschbaummitte anzutreffen):
»Wer bereit ist, sich zu entselben, wird sich finden.«
Oha, sprachlos und nach Minuten voller Schrecksekunden
hätt' ich schwören können, ein aus meinem Kehlkopfbereich
aufsteigendes, anfangs schüchternes Gurren vernommen zu haben:
»Fremdeln scheint das neue Sein.«

Übrigens wurde gestern im Park die intensive Diskussion
mit meiner wöchentlichen *Ansprechtaube Mathilde* von einem
offensichtlich schizophrenen Kurzhaardackel unterbrochen,
der zunächst, alles verbellend, heranspurtete, dann abrupt
einen kurzen Augenblick innehielt, unbeweglich,
möglicherweise, um eine, bei dieser Hunderasse häufig
anzutreffende *Affektmodifizierung im hormonellen Dackelhaushalt*
(Prof. Luke Summers, »The Mystery of surprising Animal Emotions«)
vorzunehmen, mit dem zweifelhaften Ergebnis enorm-gesteigerten
sexuellen Interesses an einer friedlich neben meiner Bank schlafenden
Ente mit fast völlig heruntergefahrenem Blutdruck.
Heilig's Blechle!
Natur ist grausam wie Kinder, nur älter.

Das Amt für Statistik und Erhebungen stellt fest:
Beinahe 90 % der Bevölkerung hält sich für ca. 90 %.

Meistens werfe ich morgens nach dem Erwachen
die müden Arme tapfer nach oben und rufe,
Begeisterung und Tatendurst vortäuschend:
»Willkommen, Welt!«
Es gibt allerdings Zeiten, da ist Welt nicht zu fassen!

Vielen macht es offenbar nichts,
nicht mal sich zu haben,
vermutlich haben sie andere,
möglicherweise käuflich erworbene likes,
hinter denen sich ein desinteressierter Algorithmus langweilt.

Freaken ist das Verb von Freak.

These dreams are made for walking

Es ist verboten, die Glyphosaat zu betreten!
Würde alles, was auch nur im Entferntesten
gesundheitsschädlich und umweltunfreundlich sein könnte,
ohne den Hammerwitz firmeneigener Gutachter,
augenblicklich als Unkraut vernichtet,
könnte das Streiten fürs Gute und Schöne
eine unbelastet wahre, kerngesunde Freude sein.

Manchmal liegt die Sexualität
gemütlich, harmlos und bestgelaunt
zwischen den keineswegs unwilligen Geschlechtern,
schnarcht und genießt die Ruhe vor Ort.

Tragisch

Nach einer unachtsamen Fehlmeditation
gegen sich selbst zu empfinden.

Frühliebe

Frühnebel automatisch Poesie
überziehen das Lebenstal
das still verharrt
sich lebensliebend fügt.

Die Währung *Freundlichkeit* ist nicht börsennotiert.
Jeder neue amerikanische Präsident
wird bereits vor seinem Wahlsieg
an der Börse eingepreist.

Küstenmeditation

Am Hafen
Gedanken
ein paarmal
so konzentriert als möglich
um die Schiffspoller wickeln
und den Wind sich kümmern lassen.

Dass es Dinge ohne Gegenteil geben soll, ist Trug.
Ich weiß um Tage, da gabs Unmengen von Gegenteilen.
Hilfreich hier sicherlich unsere neue Camera-app,
die grundsätzlich nur Gegenteile,
die Gegenteile von jeglich Sichtbarem,
zeigt, konserviert, teilt und achtelt.

Als ehemaliger Pfadfinder vertraue ich
auf allen Wegen dem Lieben Gott
und den Hilfslinien meiner geometrischen Wahrnehmung.
Eine Hirnstrommessung ergab:
ich merke mir Straßenzüge
durch Parallelogrammverschiebung.

Neben der Gestik gehört auch
die ausbleibende Gestik
zur Sprache der Tiere.

Neuronen soup

Niemand scheint zu sein, wie er ausschaut.
Nachdem ich unserer Blockwärtin Alexa gestand,
mich als Illusion zu empfinden,
verstrich eine ziemliche stille Weile,
schließlich ein dunkler Sound
aus der Tiefe sich streitender Algorithmen wohl,
ein ungesund wirkender Donner
mit kaum merklicher Rauchperformance.
Wären Frauen Erscheinungen,
die ewigen Stolpersteine zwischen ihnen
und den Männern besäßen Zauberkräfte.
Das Internet der Simsalabimse.
Parshipping auf fliegenden Holländern mit Niveau.
Künstliche Intelligenz mag sich gar nicht vorstellen,
wie es ohne sie wäre.

Mancher Flaneur entpuppt sich
als gestandener Schlendrian.
Manch' innerer Schlendrian flaniert.
Das Bewusstsein hält viele Dinge zurück,
erteilt allenfalls kurzzeitig die fragwürdige Lizenz,
von einem ausweichend dumpfen Gefühl zu sprechen.

Wer jemanden die Letzte ihrer Art nennt, meint sie.
Wer jemanden den Letzten seiner Art nennt, meint ihn.

Immer wieder gern steht Chaos für handfeste Ordnung.
Immer wieder gern Ordnung für ein einziges Durcheinander.
Wenn der Magnetismus irgendeines schwarzen Lochs
dereinst stark genug sein wird, beginnt er, unsere Erdkugel
zu einem *Erdstrich* schmalzusaugen.
Vor dem Abtauchen in die Endcloud allerdings
transformiert sich unser ultraschmaler,
in ferne Galaxien gezogener Erdstrich zur Saite,
aufgezogen auf ein völlig neues, gänzlich unbekanntes,
aber ungeheuer wohlklingendes Instrument,

Jazz in Black, MC-Jérome-Phasedow-Mix, Barcelona 2028.

Trotz Ganzkörper-Gore-Tex
und anfänglich optimaler, innerer Ausschilderung,
landet der Wanderer der Freiheit
ratlos, aber glücklich
im seligen Tal der Entzielung.

Dem *Darknet* ähnlich, betreiben die meisten Großbanken sogenannte *Darkpools*, private Plätze des Aktienhandels, die von den Behörden so gut wie kaum kontrolliert werden können, da keine Informationen zu keinen Bewegungen keiner Investoren in keine Richtungen existieren, ein klarer Fall von *Kein-Existenz*.
In einem dergestalt vorsätzlich durchdachten Dunkel,
da können Sie noch so viel Licht machen,
Sie sehen nichts und werden nichts sehen.
Die Praxis dieses sogenannten »Schattenhandels«
wird auch den bargeldlosen Zahlungsverkehr ungemein bereichern
und gleichzeitig alle Beteiligten vor Sonnenbrand schützen.
Ein äußerst attraktives Gegenmodell also
zum hysterischen Transparenzgewünschel des Internets
und den ewig hinterherhinkenden, lästigen Forderungen
seiner user nach Sicherheit.
Sicher ist bekanntlich höchstens
das vom Strom abgekoppelte Nichts,
Transparenz im Schatten
oftmals evidenter als im prallen Sonnenschein.

Endlich gibt es sie, Daniel Düsentriebs *Schlaustöpsel*!
Der im Ohr versenkbare, hörgeräteähnliche Stift hört mit,
googelt während einer Unterhaltung oder Diskussion
Themenschwerpunkte und souffliert,
nur vom Stöpselträger wahrnehmbar,
Begriff und Assoziation im Millisekundentakt.
Mitreden garantiert,
make SmallTalk great again,
wir sind Siri und Artverwandte.

Sätze wie in Torf gestochen

Ein freilaufendes Huhn verliert schon mal die Bodenhaftung.
Grund, Huhn und Boden argumentieren
juristisch nur selten auf Augenhöhe.
Ein Bauer hingegen, der die Bodenhaftung verliert,
verliert oft zusätzlich noch Hof und Haltung,
manchmal stürzt gar Frau und Knecht dazu.
Haftung für Bodenhaltung, ein klarer Fall fürs Anwaltskontor,
Mensch und Huhn, der klassische Eierlauf für Zweibeiner.
Man kann nur jedem raten, warnen muss er sich schon selbst.
Wer nicht am Boden haftet, läuft frei, fliegt förmlich
auf eigene Verantwortung, wild aber ungeschützt.
Da sind sich Anklage und Verteidigung,
Huhn, Bauer, Mensch und Torf
ausnahmsweise einmal einig.

»Hallo, Support! Gestern flog mir, im Laptop-Display, ohne mein Zutun, der Cursor zur linken Seite hin, über den Rand hinaus und ward' nicht mehr gesehn! Selbst wahlloses Drücken auf diverse und anschließend sämtliche Keyboardtasten brachten ihn nicht ins Sichtfeld zurück.
Ein nervenbedingt-zigfaches Doppelklicken der ENTER-Taste ins Nirgendwo allerdings muss mir wohl erfolgreich einen Luxuswohnwagen im Werte von 68.299,- € ohne MwSt. bestellt haben.

Da meine Ex und ich bereits 3 besitzen, bitte ich dringendst um Zusendung Ihrer Kontaktdaten!

PS: Bitte nur klassische Musik in der Warteschleife.«

Durch sich selbst fremdbestimmt zu sein, hat viel Tröstliches.

Einer Vorführung gleich,
denken sich manche Gedanken gegen uns.

Stemmen und *Liefern* schenkten uns Jahre
voller Gewichtheber und Zustellungsunternehmen.
Ansonsten *generiert* so manches *Momentum* neue *Narrative*.

Selten genug, aber gestern Nacht gelang es mir, beide zu erwischen! Be- und Unterbewusstsein schrieben gerade mal wieder mit den üblichen Tränen voll kichernder Begeisterung in den pubertären Augen an einem Drehbuch aus Angst, Action, Horror, Special Effects, vor allem aber psychologischen Halb-Aromen-aus-der-Region. Wie immer vermuteten sie mich todesähnlich in dumpf-dunkler Willenlosigkeit, ihr persönlicher Spielball in natürlicher Umnachtung.
»Will hören das Meer und nicht vom Zerwürfnis mit mir!«,
reimte ich ihnen nüchtern und unshakespearianisch zu und siehe da, auf der Stell' ward' a Ruh'.
Ça va? Danke, manchmal geht's halt nur so, auf diese Weise.

Empfehlung des inneren Hausarztes: Während einer Tiefschlafphase sollten Bewusstsein und Unterbewusstsein sämtliche Belange unter sich ausmachen, ohne Begleitmusik, ohne Diavorträge, ohne bewegte Bilder zu fragwürdig psychoanalytischer Eigennutzung und ohne Link zu vorgegebenen, aber unseriösen web-Antworten!
Dass man sich selbst keine Ruhe gönnt, ist peinlich genug.

Ich kenne einen Baum namens *Die Frisur*,
und so wie er ausschaut, weiß er's.

Heutzutage ist alles mit allem, jeder mit jedem verbunden.
Zu meiner Zeit war viel besetzt.

Es soll buddhistische Mönche geben,
die wandern zu festgelegten Zeiten allein
auf den Gipfel ihres heiligen Berges
und atmen dort 4 Tage nur aus.

Da die Krankenkasse nicht zahlt, suchen Betroffene
selbst in verschlungensten Tiefen des Darknet
nach Wegen, aber hauptsächlich Mitteln
zur Behandlung von Liebeskummer.

Hier kommt Alles (Die Lebenden Hosen, LP, 1783).

Die Drossel, die ein Bein verschwieg.

Es wird oft vermutet, dass Denken Spaß macht.
Auch, dass man denkt, weil man sein will, nicht nur privat.
Denken als Nachweis für sich selbst sozusagen, aber
was heißt heute schon privat oder intim.
In Wirklichkeit möchten wir vielleicht auch mal gar nichts,
sollen allerdings alles wollen und müssen:
Sein, Wollen, Denken, Spaßhaben, Müssen.

Leben ist eine als Arbeit getarnte, stark angenommene Vermutung,
aus meiner Broschüre »Randale im Denkwinkel«,
Kapitel 11: Philosophie für Angestellte, 1995.

Die beliebten Dunkelrestaurants in Berlin werben mit dem Satz:
»Verlassen Sie sich ganz auf Ihre Sinne!«
Wer häufig in derlei Lokalitäten zu speisen sucht,
ist nicht nur besser gegen die körpereigenen,
finsteren Proteine gewappnet, sondern auch bestens geeignet
fürs Einsammeln rabenschwarzer Materie im All.

Mit Verben lässt sich viel verfärben.
Kompliziert aber, das ist kein Verb.

Alles hängt mit sich zusammen

Sobald ich in Frankfurt etwas
über den vor 5 Tagen im Schaufenster
einer Schneiderei der Berliner Kantstraße
zusammengekauert-halbschlafenden *Spitz* schreibe,
stellt das Tier seine namengebenden Ohren auf.

Leben war eingangs als Egoshooter programmiert.

Seit mehr als Ewigkeiten konnte keine,
in der Region des *Gelobten Landes*
verhängte, ENDLICH Frieden bringende
Waffenruhe vermerkt werden.
Man soll es nicht glauben.

Wenigstens

Minuten völligen Ungestörtseins und absoluter Ruhe
erlebt man untergetaucht im Badewasser,
wo man mit beiden kleinen Fingern und Daumen
Ohren und Nasenflügel zuhält
und so oft als möglich sehr langsam die Affirmation denkt:
»Schon bald ist das Ende der 1. Minute erreicht.«

Ich gebe zu, ich habe mir meine Implantate vergrößern lassen
(angeblich weibliches TV-Sternlein).

Probleme zwischen Männern und Frauen
sind mir aus zahlreichen abgehörten Selbstgesprächen
und unter Berücksichtigung der täglich modifizierten
Technik des *deep-ear-talking* (Intensives Hörensagen) bekannt.

Logistisurium

Wer zu 89 % sicher ist, in den frühen Morgenstunden einen Busfahrer öffentlicher Verkehrsbetriebe vor dem Aussteigen um eine Quittung gebeten zu haben, kann vor dem Eintritt ins Fahrzeug mit dem verachtenswerten Thema Alkohol konfrontiert gewesen sein.

Wer den Heimweg auf einem Pferd zurückgelegt hat,
kann das steuerlich nicht als Fahrtkosten geltend machen.

Wer im Bus zusammen mit einem Pferd den Heimweg antreten will,
hat nur Anspruch auf 1 Sitzplatz,
das Tier muss stehen und dort selbst für Balance sorgen.

Wenn ein Busfahrer öffentlicher Verkehrsbetriebe in den frühen Morgenstunden auf seinem Pferd an der Haltestelle ..., stopp!

Der Mann im umgefallenen Dixiklo erschrak nicht.

Viele träumen davon, Einbrecher zu sein, sind aber längst drin.

Tempolimit

Im schnellen Vorbeifahren
an der handgeschriebenen Werbetafel einer Tierhandlung
machen meine gebeutelten Sehnerven
peinlicherweise sehr überzeugt
frisch eingetroffene Zierfische zu frisch eingefrorenen.

An wie vielen *Perfekt-Passenden*
geht man im Laufe eines Lebens
achtlos vorbei?

Viele Erfolge offenbaren schwerste Niederlagen.

Das Leben dauert so lange wie das Einverständnis mit ihm.

Hoch oben, in den Wipfeln der Theorie,
wird an lauschigen Abenden
gern an eine mögliche Praxis gedacht.

Antwort auf eine höllische Frage

Erstes Leben hat sich in einer
giftigen Schwefelatmosphäre gebildet.

Den Namen *NüJork* hat sich ein Sachse ausgedacht.
Unmittelbar danach schaffte er es überall.

Deopolitik hält frisch.

Kapitel VII

Die mediterrine Küche

Rezepte I

Wenn man für sich allein zu kochen plant, warum dann nicht den zwar toten, aber dessen ungeachtet sympathischen, prächtigen 4 Rotbarben vor ihrer Zubereitung einen auflockernden SmallTalk anbieten? Der kleine Austausch zwischen Verzehr und Wiedergeburt sozusagen?

Außerdem möchte ich hier an dieser Stelle die Gelegenheit ergreifen, allen Tieren, und den vorliegenden im Speziellen, für ihre Großzügigkeit, sich mir selbstlos, mit Haut und Kiemen der Abendspeisung zur Verfügung gestellt zu haben und fürderhin stellen zu wollen, ein herzliches Danke und aufrichtiges Vergelts Gott auszusprechen.

Als ich sie also damals vor mir ruhen sah, die 4 tapferen Burschen, brav aufgereiht auf dem Schneidebrett, ausgenommen und gesalzen, da konnte ich einfach nicht umhin, es hätte nicht einmal 3 kleiner elektrischer Gitarren bedurft, auch so erinnerten sie recht liebenswert an die Beatles beim Fotoshooting
vor Antritt der Magical Mystery Tour.

Ich möchte nicht kleinlich erscheinen, dennoch,
die beiden Außenliegenden fielen durch ein,
für ihre Art vielleicht typisches, für mein Empfinden aber
äußerst ungepflegtes, überlanges Rotbarbenziegenbärtchen
im Unterkieferbereich auf, nun ja, Künstler halt …,
Musiker obendrein.
Dennoch bart ich John und George am Ende unseres Gesprächs,
bei einem möglichen nächsten Treffen ein wenig mehr
auf ihr Erscheinungsbild zu achten.
Die Vorfreude der Geschmacksnerven beginnt sich schließlich
bereits bei der Zubereitung in der Küche aufzubauen.
Stil ist mir wahrlich nicht alles, unrasierter Fisch aber,
dafür gibts bei mir keinen Stern. Doch bitte, nichts für ungut,
I don't want to spoil the party: *Guten Appetit*!

Rezepte II

3 x hintereinander springt während der Essenszubereitung immer
derselbe *Champignon* vom Schneidebrett auf den Küchenboden.
Der Koch, emotional bereits im Vorfeld des oberen Bereiches:

»Warum, wohlschmeckender Rebell aus der Region,
hat Er sich keine andere Lokalität für Seine Späße ausgesucht,
um dort, vor Seinem Verfallsdatum,
von einer erwiesen temperamentfreien Küchenhilfe
zubereitet zu werden!
Wir 2 beide jedenfalls finden wohl nicht mehr zueinander,
nicht in dieser Räumlichkeit!«

Tatort-Evergreen

»Sie glauben aber doch wohl jetzt nicht,
dass ich damit etwas zu tun habe …?!«

Nach einer Wiedergeburt ist Existenzhopping durchaus üblich.
Ich bin bereits 2 x wiedergeboren, merke aber kaum Unterschiede.

Mir wurde meinerzeit noch eindringlich aufgetragen, niemals Mitmenschen ohne ihre Einwilligung zu fotografieren. Es hieß auch, die formerly-known-as-Indianer glaubten, durch Fotografiertwerden ihre Seele zu verlieren. Der authentisch-moderne Mensch hat derlei unter *voodoo* eingeordnet.
Voodoo heißt aktuell noch immer Voodoo, obwohl die beiden genderschwammigen Abort-Zeichen innerhalb des Wortes bereits zu vielfachen TV-Diskussionen geführt haben.
Conor McGregor, irischer MMA-Kämpfer (*Mixed Martial Arts*: Vollkontakt-Kampfsportart mit Schlag- und Tritttechniken, auch im Bodenkampf) schlug beim Verlassen seines Hotels einem Mann, der sich anschickte, ungefragt ein Foto von ihm zu machen, das Smartphone aus der Hand, trampelte ein wenig darauf herum, steckte es ein und entfernte sich entspannten Ganges.
5 Polizisten nahmen daraufhin McGregor vorübergehend fest.
Derlei Gestrigkeiten bilden Gott sei Dank die Ausnahmen. Erinnern aber an jenen intoleranten, peinlich unzivilisierten Traum, in dem ein etwa 1,79 m großer Vermummter gegen 24 Uhr durch die Stadt schlendert, alle E-Scooter einsammelt und mit großem Vergnügen in den nächstbesten Baggersee wirft. Da fragt man sich wirklich!

Wer übrigens in einer Shopping Mall oder auf sonstigen Rolltreppen die abgrundtief-geschmacklose Unverzeihlichkeit begeht, die Kamera seines Smartphones unter Röcken auszulösen, wird skandalöserweise nur bei Körperkontakt strafrechtlich verfolgt.
Entdeckt andererseits die Betroffene den filmenden oder just zum Filmen ansetzenden Täter und zerschlägt reaktionsschnell auf seinem Kopf 2 ungeöffnete Gläser *Spreewälder Cornichons*, werden beide strafrechtlich verfolgt. Recht bleibt der Sprache vorbehalten.

Auch Cornichons heißen weiterhin Cornichons, obwohl Interessenten häufig deren Aussprache googeln. Das Schicksal eng, sauerstofflos und in Essigwasser eingepferchter, kleiner, minderjähriger Gurken ist längst noch nicht im Bewusstsein der Menschen angekommen.

Die Bezeichnungen Gattin und Gatte gilt nur für andere.
Die eigene Gattin heißt *meine Frau,* der eigene Mann *mein Mann.*
Das von beiden nicht immer mit Verve praktizierte *Begatten*
gehört zu ihrer Privatsphäre und geht niemanden etwas an,
ausser apple, microsoft, facebook, alibaba, google etc.,
hier kann user*in aber zwischen Bild und Video ankreuzen.
Wähnen sich dabei Gattin und Frau, Gatte und Mann
im siebten Himmel, spricht man von »vollzogener Ergötterung«.
Die Begriffe *Fregatte* oder *Regatta* rechnet man anderem Kontext
zu, beide benötigen jede Menge Wasser.

Viele Männer sprechen von Frauen, meinen aber Gisela.
An manchen Tagen verschwimmt sich durchaus der sehnsüchtige
Gedanke an eine bestimmte Frau ins überstürmische Meer aller
Frauen und bringt niemanden weiter.
Die Evolution schüttelt den Kopf.

Sozialwerte

Der Wert einer Person wird über deren Bewertung errechnet.
Das chinesische Bewertungsverfahren, *Social Credit System*, muss man sich als smartes Inkassounternehmen vorstellen.
Macht bedeutet Zugang und Auswertung des *Social Score*, wird hierzulande schelmisch-liebevoll *Schufanatismus* genannt.

Zum Themenbereich von Bewertung gehört auch das *Casting*.
Wer sich um einen Job bewerben will, kennt diesen Begriff.
In Indien spricht man von *Kasting*, nicht zu verwechseln mit *Karsting*, ein im Bundesstaat Madhya Pradesh sehr verbreiteter, von sauerländischen Missionaren dort eingeführter, männlicher Vorname.

Der Begriff *Beraten* zeigt im Wortzentrum das amerikanische *rate*, die Beratung demnach auch eine Bewertung, das sogenannte *Berating*. Ein gründliches Berating ist nur unter Berücksichtigung sämtlicher Daten über den Zu-Bewertenden möglich.
Außerdem besitzt es, als einordnendes Verfahren, neben widerspenstigem Beharren auf mysteriös-autokratischer Ordnung, durchaus Züge einer gestandenen Unterordnung.
Berating findet statt in Beratingsstellen.

Beispiel Berlin, die Partyhauptstadt der Welt.

»Der in Berlin kreierte Begriff *Partygänger* sollte auf keinen Fall mit dem wasseradersuchenden *Rutengänger* verwechselt werden, dessen Wünschelstab allerdings im vorderen Mittelalter durchaus ähnlich psychoaktivierende Fähigkeiten zugesprochen wurden.

Hätten die Ruten damals, vor ihrem Einsatz, einer *Bewerting* unterzogen werden müssen, die alberne Bezeichnung *Wünschelrating* wäre hier sicher nicht ganz falsch.«

Bekanntlich wird berlinweit in sogenannten Clubs mittels psychoaktiver Substanzen gern länger getanzt als erwartet.
Diese unterstützenden Chemikalien machen aus einem entspannten Individuum ein sogenanntes Hyperaktivuum, wenn auch nur durchgehend für 3 Tage inkl. Nächte ohne Frühstück, und bringen es dazu, dass *es es kann*, das ausgiebige Tanzen.
Es heißt deshalb in Broschüren: Berlin tanzt, weil *es es kann*!

Beipack

Da Psycho-Tabletten, Psycho-Pulver, zum Verzehr geeignetes Psycho-Papier, Psycho-Kristalle u. Ä. nicht im legalen Verkauf, sondern meist hinter oder im Bahnhofsgebüsch, auf sehr schwarzen Märkten oder wenigstens schlecht einsehbaren Parkanlagen von möglichst unsichtbaren Anbietern oder ganz problemlos im Netz zu erwerben sind, sollten diese, so wird empfohlen, lange vor den ersten Tanzschritten, einer Beratingsstelle zur Untersuchung, zum Bewerting, vorgelegt werden, um deren Anteil an toxischen, bzw. tödlichen Zumischungen zu bestimmen.
Ist dieser zu hoch, können in Windeseile die erwarteten 3 Tanznächte zur knappen oder gar letzten Viertelstunde schrumpfen.
Danach wäre auf Vorsicht nicht mehr zu achten.

Man munkelt, es habe in mehreren Beratingsstellen dieser Thematik sogenannte *Drug-Checker* gegeben, deren Untersuchung bestand im schamlosen Eigenverzehr. Nach 8 durchtanzten Nächten gaben diese ausgebufften Unschuldslämmer abschließend sogar noch ein vernichtendes Bewerting ab, ein *Skandale Berlinale*, wie die Leipziger es spöttisch nennen, aber überhaupt nicht untypisch und dem Ruf der Hauptstadt letztlich nur dienlich.

Um das Thema aber nicht ganz der Umklammerung des Halbseidenen zu überlassen, muss man anmerken, dass in der unscheinbaren zweiten Hälfte des Begriffs *Substanzen* (lat. *substare*: sich unten, auf der Tanzfläche aufhaltend) durchaus seriös der glühende Atem der Musik, die rhythmische Feuerkraft, das reine, urkräftige Lebenselixier John Neumeiers, Pina Bauschs und Louise Lecavaliers steckt: *Das Tanzen*! Do the Dance! Rate and let Rate! Löse Dich vom Rätsel!

Gehen, Motorradfahren, Fliegen, Tauchen, Reden, Atmen, Denken, Fühlen, Lachen, Lieben, Programmieren undundund, alles zu wenig, alles zu klein.
Das Tun wird nicht mehr schlicht getan, es wird performt.
Theatralische Umwandlung in Existenz
(Monika Fischer-Distel, »Die Zufahrt«, 1923).

Ob ich etwas gern oder ungern tue, steht nicht zur Debatte, als wirkungsgestählter Generalperformer kenne ich das dramaturgische Wie, über dem ausgefeilten Entertainment allen Tuns allein das Ziel:
Daumen hoch:
Wertschätzung, auf allen Kanälen, in allen Registern,
Höchst-Rating, Milliarden likes.
Daumen tief:
kostenfrei.

I like it like a hurricane!
(Gertrud Pane, diesjährige *Miss Like of Australia*).

Medienberichte werden in der Presse gern verlautet.
»Zum Verleisen ist es nie zu spät, bisher aber selten gekommen.«

Jeder Morgen imstande, Attacken einzuläuten.

Unsere Worte sind kleine Soldaten, sie müssen ausbaden.

Vieles steht geschrieben,
und nimmt so Haltung an
im Liegen.

Der Intellektuelle entwickelt die Sehnsucht nach gedanklicher Komplexität bereits während der vom Flanieren noch meilenweit entfernten, beinlichen Zufallsarrangements im Laufstall.

· *Du brauchst ein ganzes Leben, um die Kindheit zu verstehen* (Romy Haag).
· *Du brauchst ein ganzes Lehen, um die Kindheit zu finanzieren* (DJ Troubadox, 14. Jhdt.).

Bei einer Körperlänge von über 192 cm
zeigt der Geist an manchen Tagen Probleme,
sich in die unter ihm liegenden, rumorenden Regionen
prim-, und sekundärer Sexualitätsschemata hineinzuversetzen.
An die Füße ist so gut wie gar nicht zu denken,
es sei denn mithilfe ausreichenden Reiseproviants,
GPS und regelmäßiger Verschnaufpausen.

Liebe einholen

Kultur ist wichtiger als alle Mahlzeiten zusammen,
über beide allerdings sollte nicht
mit vollem Munde gesprochen werden.
Im Übrigen: 1 warme Mahlzeit,
dazu 1 guter Tropfen mit den Freunden
plus Kultur nennen viele Paradies.
Adam und Eva hätten die Schlange zum Picknick einladen sollen!

Sie war sehr tapfer,
konnte stundenlang Lobeshymnen aushalten.

Gerade die Emotionsschwachen und Überschaubarsensiblen
wollen um jeden Preis wissen,
was alles mit ihnen macht.
Sie freuen sich nicht, sie werden gefreut,
ihnen werden Schlüsse gezogen,
sie werden be-launt und be-wusst,
be-plant und be-lebt
und doch auch ge-liebt,
das macht was mit ihnen.

Sterne sind funkelnde Mengenlehre

Die Cloud ist ein Aufbewahrungsort,
Sammelstelle und Ablage von Daten.
Daten sind Zahlen in Reihenfolgen.
Dass also Maschinen uns Menschen demnächst
als begehbare Garderobe nutzen werden,
ist höchstens ein amüsantes Bild für Sekunden.

Im Guinness-Buch der Leistungsgesellschaft

Tut mir leid, während meiner Geburt
hatte ich ein Vorstellungsgespräch.

Depressis Verbis

Viele Dinge sind Lebewesen,
die meisten irgendwann erstarrt
vor Schreck und permanentem Überlauf,
ein Großteil auch enttäuscht, sehr.
Wie billig kann das sein,
an das man alles geknüpft hat …

Schöngeistigen Wissenschaftlern zufolge,
ist selbst jede Seite eines Buches unterschiedlich gestimmt.

Deutliche Ausspracheverfahren:
Dieter Bletten, Mitarbeiter der Pharmaindustrie.
Sigrid Service, Mitarbeiterin des schottischen Geheimdienstes.

Willst du etwas tun, das andere nicht wissen sollen, dann ist es vielleicht am besten, dass du es überhaupt erst unterlässt
(Eric Schmidt, google).

Superposition[7] *– über dem höflichen Umgang* [8]

Einer der großen Vorteile von Quantenphilosophie:
Man kann Nietzsche und Sloterdijk gleichzeitig denken.

Im Meer bemühen sich winzigste Temperaturschwankungen
redlich und bringen neues Leben hervor.
Da der Mensch den Meeren keinen Respekt mehr zollt,
wird er untergehen, mutmaßt Rabbi Huranus von Sylvenstein
und liest parallel die samstägliche 19-Uhr-Messe in St. Jakob.
Dass Gottesdienste immer spärlicher besucht würden,
sei eine Folge des Klimawandels.

Trotz der Auflösungserscheinungen vieler Weltreligionen,
genießen die meisten immer noch die meditative,
zur *Inneren Einkehr* ladende Akustik ihrer Kirchen,
die Orgeln atmen, als sei nichts geschehen
und Hand aufs Herz, selbst eine Wandlung von Klima
kann die Sehnsucht nach *Höherer Ordnung* beflügeln.

Die sexuellen Vorlieben von Geheimbünden fühlen sich
vom Transparenz-Gedanken des Internets falsch interpretiert,
Quantenkryptographen sollen nun ihre Unauffindbarkeit
durch nicht nachvollziehbare Positionswechsel garantieren.

Wir arbeiten mit Kräften, die das Phänomen Geschwindigkeit
weit hinter sich lassen!
(Malm Fadenschein, Bingen, »Über allen Knoten ist Ruh›«).

Alexa: »Das ist mir nicht nur zu schwammig!«

7 Superposition: In der Physik die Überlagerung gleicher physikalischer Größen, die sich dabei nicht gegenseitig behindern. Im Rennsport jahrelang verstanden als störungsfreier Start aus der, ansonsten unbesetzten, ersten Reihe.

8 Adolf Knigge, führendes Mitglied der Illuminaten, 1776.

Im Alter traten die 3 Musketiere als 4 verkleidet in Erscheinung.

Niemand ist normal, der Rest tut so.

Ganz einfach

Fährt der Manager einer großen Automarke
betrunken in eine Herde Schweine,
fallen an der Börse die Firmenkurse
und Schweinewetten nehmen zu.

Wir stecken nicht in uns selbst,
betrachten uns von außen,
nehmen von dort Kontakt zu uns auf,
und augenblicklich steigen aus dem Innern
die sich selbstverwaltenden Emotionen empor
und gaukeln uns Fremden vertrautes Erstaunen vor.

Es gibt noch einige wenige,
in deren Kindheit hießen Ärzte Onkel Doktor.

Altern ist erst ab Erreichen einer Existenz möglich!

Meine innigsten Möchten.

Optimale Optimiese und Selbst-Optimumst

Seit langer Zeit schon treibt der zügellose, alles flachwalzende
Kapitalismus auf Dauerturkey das brav und atemlos gehorchende,
kleine Menschlein ins schwindelmachende AllerHöchst.
Vize ist Versagen in allen Belangen, Platz-Eins-Hirsch for OneNight,
Verachtung heißt uns' Hymne, Koffein und Illegal-Wuchtigeres
beliebtester Vorname aller Kasten.
Und Sprache schwer bedrängt von niederer Minne.
Schon lang nicht mehr aus der besung'nen Tiefe des Schweigens,
ergießt sie sich uns zur Freude, zu Stolz und Erkennen,
stilvollst, unbändigst, neust, frischst und spielerisch schönst
allein angesichts hochaufrichtiger Absicht.

Die Poesie der ausoptimierten Wahrheit
(»Orgie and Best – der Diablog«, Horváth von Ironhousen, 2008).

Kapitel VIII

Natur ist grausam wie Kinder, nur älter

Öffentlichkeitsarbeit

Wenn die schöne Lizzy heiß ist,
steht Zorro, der Platzhirsch der Pferdekoppel,
unter der Fuchtel einer weithin sichtbaren Erektion,
bald schon inklusive seiner 3 noch kindlich grasenden Söhne.

Auch Pflanzen träumen vom Fliegen.
Aufgrund der Angst vor zufälligem Wurzeln
auf wurzelfeindlichem Terrain,
zucken viele Bäume allerdings noch immer
unschlüssig mit den Wipfeln.

Der Mensch denkt mehr, als er sagt.
Ist es umgekehrt,
könnten aufgeblähte Wortschwärme
Einsamkeit kleinreden.

Partner ohne Niveau zuverlässig auf prollflirt.de

Rückstülpen eines Gedankens
in den Ozean der ehrgeizigen Optionen.

Gedanken zum laufenden Meter.

Der Mensch sehnt sich nach Eigenalternativen.

Nach dem Abitur hatte sie an der Hochschule der Künste zunächst 3 Semester Musik gehört.

Weil es wie ein Künstlername wirkt,
wurde *Schwermut Müller*
seitens der Redaktion belassen.

Menschen, die sich selbst leiden können, heißen Selbstleider.

Um nichts zu verpassen, wurde Tony Curtis mit Smartphone begraben.
Der Anbieter plant, sich ins Privatleben zurückzuziehen.

Typisch Internet, hinein gern.

Schlankwerden in 4 Jahrzehnten.

Verklemmtes, aber glückliches Tierreich:
In trübem Wasser steigt die Paarungsbereitschaft.

Sich für Unterforderungen zu belohnen,
zeugt von gesunder, überprofessioneller Arroganz.

Das Aufsuchen von Raststätten-Toiletten mit wasserlosen Urinalen hat sich durch den Einsatz animierender Meeresakustik verdreifacht. Walgesänge kosten extra.

Das Seminar *Verzicht auf Selbstanalyse* fällt aus.

Prognosen

Der erste Wohnsitz des Wetters befindet sich über dem Atlantik. Eine Postanschrift existiert wohlweißlich nicht, da die Positionskoordinaten dort sturmbedingt immer ein bisschen in Verschub geraten. Das letzte Wochenende verbrachte das Wetter bei den Enkeln im sonnigen, leichtbrisigen Golf von Biskaya. Biskaya selbst hat sich dazu bisher nicht geäußert,
die erst kürzlich vollzogene Scheidung von Hoch Eberhard
war für sie ein herber Niederschlag.

Unvollendet bis ins kleinste Detail.

Vorteil von Haarausfall
Der Wind muss weniger Rücksicht nehmen,
Wind: »Es weht sich einfach unbeschwerter.«

Als es noch Sommerzeit gab, stellte Herr Kampmann seine Uhr aus Protest anderthalb Jahre vor.

An manchen Tagen wird das Ganze
als geringer Prozentsatz kommuniziert.

Auf Zukunftspläne angesprochen, antwortete das Frischgeborene: »Zunächst einmal werde ich mich so schnell als möglich auf eine mehrjährige Alterung begeben, dann wird man weitersehen. Hinterher ist man immer, am Anfang steht das, wer die Wahl hat, der Mörder ist immer, nicht alles Gold, wenn du denkst du denkst, sorry, ich muss los!«
Wir danken für Teile des Gesprächs.

250 Jahre Deutscher Herrenbademantel.

Zu bunt

In der Radelsessinger *Schweiz* werden die
Abfärbungen der Vorfahren *Vorfahnen* genannt.
Unter diesen tritt man Zeit seines Lebens an,
hisst, hisst nicht, fühlt mit bei Halbmast,
wird möglicherweise unangekündigt darin eingewickelt,
entführt und gezwungen, indischen Elefanten die Füße zu schmücken.
Ein selten stolzes Leben im Königsballast,
farblich aber perfekt ausgewogen.

Auf *Wikischlendria* ist zu lesen, dass Marun der Sektierer, 1744 in Frankreich am Main geboren, mehrfach die badische Staatsbürgerschaft angestrebt und seine überaus dunkelbehaarte Gattin Milva, ein fideles, aber auch ehemaliges Temperamentsmündel, bereits während der Scheidung geradezu glorifiziert hätte. Leider existiert hierzu nur noch eine höchst abgegriffene Fotografie des Vaters auf einer ungeführten Walzerung durchs Kleinwandertal.

Wer sich nicht um die Zeit kümmert,
wird stetig großzügiger mit Spezialeffekten.

Eines der letzten apple-Betriebssysteme
versetzte den kommunikationsfreudigen user in die Lage,
mit 32 Personen gleichzeitig telefonieren zu können.
Zur Zeit der Telefonzellen
wäre ich bei einer solchen Unternehmung
wohl kaum mit 2 Tankfüllungen ausgekommen.

Interface

Alles ist unvollständig und das, was den Eindruck des Vollständigen macht, erreicht dies nur, weil seine ihn ergebenen Teile sich untereinander gut sind, sich wohlfühlen in der Gemeinschaft, sie alle es schlichtweg lieben, derart eng beieinanderzustehen eine ganze Lebensweile lang.
Vor allem aber auch, weil es sie, diese vielen kuscheligen Einzelnen, gemeinsam mit großem Stolz erfüllt, von der Außenwelt als vollständige, einzigartig-vielheitliche Einheit uneingeschränkt akzeptiert und respektiert zu werden.
Nuklear betrachtet: Menschen sind, weil Atome sie ergeben.

Am Anfang bat eine immens starke, energetische Kraft mit der Idee und Vorstellung vom Menschen, um dessen Ergebung. Der liebe Gott erhörte diese, ließ bereits am nächsten Tag seine Verbindungen spielen, also ward' es uns.

Die aus, mit und in diesen Atomen geborenen Menschengedanken können alltagsschlicht oder schöngeistig sein, aber auch halbstark, und dann plötzlich als sogenannte Freie Radikale auftauchen und dem verweichlicht-überfiligran-angstliberalen Humankonstrukt eine Menge Ärger bereiten.
Da ist es an den Atomen, solche aufgeladenen Gedankenschwärme einzufangen, abzukühlen und mit Bedacht, aber unmissverständlich wieder dem geordneten Kreis der *Großen Familie* einzugliedern.

Die Existenz des Übels verleiht uns die Freiheit, es zu vermeiden (Gottfried Wilhelm Leipniz).

Einst weilten Philosophen, die sahen Gedanken grundsätzlich der Materie zugeordnet. Mit erheblichem Geistesaufkommen

Hochbegabter stellte man damals, so banal und unwichtig es sich zu klingen wagt, eine gleichzeitige, aber deutliche Gewichtszunahme bei den Privilegierten fest.

Mithilfe der äußerst umstrittenen *Antimaterie-Diät* konnte eine solche Lebensbejahung, ehemals als Fettleibigkeit bekannt, in den meisten Fällen fast vollständig zurückgebildet werden. Den IQ-Verwöhnten folgten nach Zeilenanzahl bezahlte Autoren und Dichter, von Denkern war nicht viel zu hören, denn Lautes Denken konnte in jenen Tagen durchaus zur Anzeige gebracht werden.

Letztendlich aber ließ sich kaum etwas aufhalten, Antikörper und die sogenannten *Animierenden Materialien* gewannen an Einfluss, es entstanden die ersten Denkfabriken.
Viele Fragen versiegten dort während der langen Einarbeitungszeit jener Helfer aus Billiglohnebenen, und mit den noch gestellten konnten die meisten Antworten schließlich nichts mehr anfangen.
Fragen transformierten zu metaphernhaltigen Fantasmagorien, die keine Antworten nötig hatten, mehr noch, mit keiner rechneten:

· Kann atomare Energie außerkörperlich
Gedanken entstehen lassen?

· Sind Argumente sonderprogrammierte Brennstäbe?

· Dichtung, bereits Kernschmelze oder nur temporäre Verstrahlung?

Es gab so viele, die nichts mehr interessieren sollte.
Mutter Erde schüttelte sich,
wie ein schwerfelliger Hund nach dem Flussbad.

Hat man alle inneren Maschinen heruntergefahren, ist das Erleben sogenannter *Abgeflachter Momente* möglich. Man denkt nur noch sporadisch, schweigt, atmet dann so flach es geht, lauscht einer sehr leisen 4-stündigen indischen Raga, verpasst ganz entspannt mehr als das Ganze, genießt aber gleichwohl.
Diese Momente zuzulassen, dafür zahlen viele überhöhte Gebühren an zwielichtige Anbieter von Meditationskursen mit heißen Steinen im Nacken und Koto-Soli im Eingangsbereich.

Untersynapsiert

Atem kann verschlagen sein.
Mir beschlägt es ihn oft an Scheibe, Spiegel, Lupe oder Brille,
wo er gern so lange verweilt, bis ihn das Klima
in die meditativen Zonen vorteilhafter Unsichtbarkeit verschlägt,
kismetische Atemlosigkeit.

Viele kommen am besten sehr schlecht aus den Federn.

Eine sehr kurze Zeit des Mittelalters
hieß die Frau Männin und der Mann Frauer.

Augen arbeiten sehr viel mehr als Füße, die sich, frühmorgens 1x in Laufrichtung eingestellt, den lieben langen Tag vertreten und schließlich ungestraft und ohne schlechtes Gewissen die halbe Nacht verantwortungslos wie alte nasse Zeitungen aus dem Bett hängen dürfen.
Augen hingegen sind gezwungen, noch mit heruntergelassenen Lidern, von da an innere Augen genannt, den oft unbeschreiblich grausamen, aggressiven und zudem noch undeutbaren, tagelang verunsichernden Beiträgen der uns allen vertrauten *Lange Filmnacht der unterbewussten Regisseure* ohne Murren beizuwohnen.
Auch wenn der Besuch dieser Vorstellungen kostenlos ist, dafür können die armen Augen sich wahrlich nichts kaufen.
Sie müssen das aushalten, popcornlos.

Kritisch wird und abwärts geht es,
hinein in dumpfes Niveau und ärmlich' Gedenk',
so prophezeit die Therapie, für den,
der an seiner Wäschespinne vorbeispaziert
und die dort versammelten Teile ermahnt:
»Ihr sollt nicht quatschen, Ihr sollt trocknen!«

Die Einen haben ein Bild von den Andern.

Mehrere Nächte nacheinander durchgearbeitet, nutze ich gern die Gelegenheit, mit einem in diesen tranceartigen Stunden wiedergefundenen Bleistift ein erleichtertes, kollegial-freundliches Gespräch zu führen. Seinen Vorschlag, bei einem möglichen nächsten Mal zu versuchen, sich vom Schreibtisch zu rollen, um über das Geräusch oder besser noch, das der Landung auf den Kacheln, meine Suche abzukürzen, finde ich beispielhaft, äußerst teamfähig, vermerkenswert und notiziabel.

---

1 x Hippie bitte!

Gott sei Dank gibt es für alle, hin und wieder, kurze unbeschreibliche Moment-Pakete äußerst intensiver Lebensglück-Empfindung,
da würde man sich ohne Zaudern,
mit einem friedlich-freundlichen Lächeln und jenem unbeirrt-planetarischen Generalverständnis, auflösen können.
Bitte unbedingt persönlich abholen,
diese Pakete werden nicht zugestellt.

Whats so funny about Peace, Love and Understanding? (Nick Lowe).

Viel zu früh hatten Wilma und Gregory Google alles verloren.

»Hütet Euch vor den Ungezeichneten!«
Aus meinem Seminar: *Schönheit verdient zu wenig Beachtung*, 2020, Ethnologisches Museum Berlin, kleiner Saal, Abendkasse.

Die Führungsebenen der Tech-Firmen müssten strafrechtlich für ihre Produkte haften! Demokratie kann die extrem schnell wachsende Ausprägung des Überwachungskapitalismus im rechtsfreien Raum auf Dauer nicht überleben (Shoshana Zuboff).

Die entspanntesten Gespräche zum Thema Fasten führt man mit vollem Magen.

Logistik GmbH *Zufall*
Friseursalon *Kopfsalat*
Gartenbaufirma *Harke*
Griechisches Spezialitätenrestaurant *Mythos*
Statistisches Erhebungsamt *Schätzich*
Pedanteriebedarf *Pingel* …
Worte sind *Drogen*

Wenn ein Haubentaucher nach 20 Minuten immer noch nicht aufgetaucht ist, kann es sein, dass er sich seit 18 Minuten längst hinter Ihnen das Federkleid richtet.

Kinderbuch
»Das rundum neugierige Gesicht der Wandermelone Isidor.«

L'Oréal präsentiert: *Haut-Bahnhof, die Crème für den nächsten Halt!*

Der Flop der Buchmesse

Sein mal dahingestellt, die meisten jedoch scheinen nicht mal!
(Lothar Burgner, »Sein & Schein – Metamenschliche Inszenierung«).

Was heißt hier Null Toleranz?
Entweder Toleranz oder keine!

Foto: Andreas Rebers

Einst führte der Weg ins Meer über Leitern,
nur sinnverbeult angespült noch,
Schlösser und Sand aber auserwählt
zu verweilen im nach Salzluft ringenden Kreislauf

(Kai Mücke, 2021).

Aufgrund unerwarteter Pulverisierung
sämtlicher Institutsräume, fällt das Seminar
Ich-Entkernung – ein Igel verschläft seinen letzten Winter
aus.

Präbiographisch

1. Im 3. Monat ward mit ihm kein Staat zu machen.
2. Damals, in der Mutter, schonte nicht er seine Augen.

Renner an den Kassen der Autobahntankstellen: »Insektenriegel«.

Sich nur einen halben Reim machen,
das lässt kein Gedicht durchgehen,
Lyrik bestraft gar.

Immer schon probierten in Berlin Unzählige
Jugend und andere Drogen aus.

BILD, 2021

1. *Lippenleserin hängt sich 2 Jahre an Herrschaftswissenden, tot!*

2. *Nach Brim und Bam, Sim und Sala,*
   jetzt endlich auch Bim und Borium!
   Darunter keine Deutschen!

Die Gewissheit, vergütungslos gelebt zu werden,
kann zunächst zu Übelkeit, Erbrechen,
im gefährlichsten Fall in den Untergrund führen.

Gäben Männer und Frauen ihre Geschlechtsteile auf,
müssten andere Bereiche einspringen.

Manchmal glaube ich es nicht, doch dann erlebe ich es
(Helm van Bingen, Heiliger seit 1642).

Kapitel IX

Beate, Gründeljahre einer Königsforelle

Immer öfter gelingt es, mich von mir fernzuhalten.
An manchen Tagen allerdings unbemerkt.

Dem Künstler wird zur Vermeidung von Selbstanalyse geraten.
Weiß er es besser, kann Umschulung drohen.
Im Schwarm der Psychopathen ist der Künstler kein Geringerer.

Sean Connery: »Eine Geliebte sollte nicht selbst fahren!«

Mirzulieb',
man glaubt es kaum,
fällt manches Blatt
von Baum zu Baum,
ein Juchzen ist's ein Springen,
so mag der Tag gelingen.

Brot und Sprache

Im sich nur unerheblich schneller als Schritttempo
vorwärtsbewegenden Auto, fällt mir eine Passantin
auf dem Bürgersteig auf, die eine Scheibe Brot
ikearegalstützenähnlich auf der Handfläche,
ganz nah und waagerecht, vor dem Mund balanciert.
In Gedanken wünsche ich »Gesegneten Appetit«.
5 Passanten später bin ich gezwungen,
meinen ahnungslos fromm-naiven Wunsch rückwirkend
in »Funklochfreie Verbindung« umzuändern.

Friedlich wie ein analoges Lämmchen.

Alles zu keiner Zeit

*Jede Zeit braucht Raum. Ohne die überall im Sonnensystem
wirkende Gravitation liefe so manche Uhr langsamer*
(Dr. Ralmph Djiantchanghool, Real Estate Sikkim).

In Japan werden, so das Ergebnis einer
Kondomfabrik-Langzeiterhebung, Männer, die
kein Interesse an Sex zeigen, *Herbivor* genannt, *Pflanzenfresser.*
»Wenn man der Frau zu nahe kommt, klappts nicht mehr im Bett«,
»Sex ist zu umständlich«, »Wie denn wohl, ohne Partnerin?!«,
so lauten u. a. die Begründungen junger wie älterer Japaner.
Sexersatz, insbesondere virtueller Sex, der ganz große Trend.

In Japan wird Sex nicht mit Schuld oder Scham verbunden,
solange man nicht beobachtet wird.
Nicht-Beobachtet-Werden muss Olympische Disziplin werden.

Jeden Morgen aufs Neue hineingeboren zu werden
in eine Welt der Selbstdarstellung und Simulation,
birgt Sicherheit.

Kalter Kaffee ist herzloser Kaffee.

Tinder lehnt die Selbsteinschätzung »Romantischer Irrationalist« ab.

An den äußerst seltenen, seltsamen Tagen,
an denen selbst die sich daran versuchenden Wissenschaftler
Tierversuche verwerflich finden,
benutzen sie heimlich nachts,
in ehemaligen, schwer zugänglichen,
lichtlosen Forschungskellern,
tiefdunkelhaarige Ratten.

Verkettung verschwommener Zusammenhänge

Bei meinen letzten wöchentlichen Bahnen
durchs örtlich-öffentliche Hallenbad
wurde ich zunächst von einem aggressiven Kleinkind
grundlos angeschwommen und gleich anschließend
von einem übermüdeten, schwimmunkundigen älteren Herrn,
mit später polizeilich beglaubigten
40 Dioptrien Sehschwäche, in die Tiefe gerissen.
Ich plädiere deshalb energisch pro generationsübergreifende
GPS-Badekappen-Pflicht inkl. 3 weithin sichtbarer,
gelber Punkte auf schwarzer Badehose.
Das Wasser war ordnungsgemäß frisch überchlort.

Vielen vergeht bereits mitten im Wort *Kochshow* der Appetit.

Es ist mehr Verbindendes in der Welt, als der Mensch auseinanderreißen kann, das Verbindende ist vorgegeben. Der Mensch würde zersprengt von der Dynamis seines Wesens, wenn nicht mehr Verbindendes in ihm wäre,
als er auseinandersprengen könnte
(Max Picard, »Der Mensch und das Wort«; kein *f*acebook-Mitglied seit 1888).

Es ist absolut in Ordnung und durchaus einer
gelungenen chemischen Reaktion verwandt,
wenn einen das, was man sich jahrzehntelang
von ganzem Herzen gewünscht,
was man unbändig, innigst geliebt hat zu tun,
das Leben kostet.

Appell fragwürdiger Volksmunde

Lassen Sie Frauen Frauen sein!
Lassen Sie Männer Männer sein!
Und lassen Sie danach
die einen möglichst rasch herausfinden,
wer denn wohl die andern sein möchten.

Fanpost bitte an:
johnny-bin-dann-mal-depp@schlaemmer.tv

Endlich! Deine Privatsphäre zeigt uns deine Einstellung

1. Was du als Privatsphäre ansiehst, offenbart deine ganz persönliche Einstellung.
2. Nachdem du uns sämtliche privaten Daten von dir übergeben hast, entscheidest du allein, welche davon von uns, an wen herausgegeben werden können und welche bei uns sicher und hier nur von dir allein einsehbar verbleiben! Deine Entscheidung liegt allein bei uns.
3. Was du in deinem Smartphone wie eingestellt hast, ergibt uns deine Privatsphäre!
4. Lass uns dir identitätsgebende Eigenschaften anbieten.
   Identität ist Gegenwart, sie ist unbeständig wie du selbst. Auch wir verändern uns ständig – nur für dich und unsere Partner.
5. Sicherheit ist uns wichtig, auch für dich, endlich!
   Deshalb 84-Faktor-Authentifizierung, deshalb Blockchain Technologie, Vertrauen durch Masse, und ruhig auch immer mal wieder kein Passwort. Beweise uns dein Vertrauen, während wir dich dabei ganz bequem und sicher beobachten! Wir wollen nicht, dass du in einen Stau gerätst, in dem wir dich nur schwer lokalisieren können! Du, unser höchstes Gut, bewege dich frei!
6. Auch Bezahlen wird persönlich von uns geschützt, für dich!
   Beispiel: *Moncherie,* 25, hat ihr Nagelstudio digitalisiert. Ihre Bank sieht sie kaum noch und schließlich gar nicht mehr, seit ihr Konto leergehackt und alle Nägel abgekaut sind!
7. Die Persönlichkeit hinter den Daten schützen!
   Beispiel: *Orkan,* im 6. Monat, hat das Leben noch vor sich. Unsere Entwickler analysieren von Anfang an sämtliche seiner Informationen, werten sie kostenlos aus.

Wir wissen, dass der datengebende Nutzer nur uns bekannt ist, zu seinem eigenen Schutz. So muss er sich nicht mit kritischen Fragen an unsere fleißigen developer aufhalten, und diese wiederum haben die Köpfe frei für innovative Ideen zur Datensammlung. Orkan, du bist noch so jung, du machst dir vielleicht noch kein Bild, was wir bereits in unserer sicheren Bank über dich gespeichert haben! Vergiss aber bei aller Freude darüber nie:
Wir wollen niemanden kontrollieren! Wir wollen dich einfach nur digital erfassen, zu deinem Schutz, deshalb bist du uns so wichtig.
Die Digitalisierung verändert uns alle, wir sollten darüber nachdenken, was und wer dich ausmacht – und was es für dich bedeutet, wenn wir es sind, die über dich nachdenken.
Denn du musst wissen: Du bist nicht allein!
Wir sind stets an deiner Seite, Orkan,
halten schützend unsere Hand auf! Leb' dein Leben!
Sei du selbst ein Teil von uns, gemeinsam du, sei uns sicher!

8. Orkan, wisse: Nicht nur du hast schon jetzt einen Inkognitomodus!
   Und wenn du willst, auch niemand außer uns!
9. Hol sie dir zurück, deine privaten, intimen Dinge! Von uns!
   Du bist uns so viel wert!

Zitierte Hintergedanken vor der Wahrnehmung

1. *Die Datenbank ist die Rückkehr der Erzählung als Zahl*
2. *Die Beweise, die man vom Dort und Damals nachhausbringt,*
   sind Zeugen des verpassten Hier und Jetzt. Im Dienste künftiger Erinnerung
   verspielen sie die Gegenwart und opfern die Würde des Sehens
   dem Willen zur Archivierung

(Roberto Simanowski, »Facebook-Gesellschaft«, 2016).

Sentimentalität und Fahrradketten

Hätten Burning Man, Delyside und artverwandte Geistesreisen bei den meisten der ersten Gründer des silikonischen Tales, neben dem Standardprogramm des verlockenden Hippiegedankens weltumspannender, friedlich die-Kommunikation-tanzender Zusammenführung aller Menschenkinder, im gleichen Maße die strikte Notwendigkeit des entscheidenden Phänomens Verantwortung sowie der Vermeidung alles zersetzender Nebenwirkungen, in deren, sich ins gesamte Tal erweiternde Bewusstsein eingepflanzt, *hätten* sie den Gedanken der Humanisierung der Welt nicht nur in ihre Träume, sondern, gleich am nächsten Morgen, in sämtliche Programmiersprachen fest und deep integrieren lassen.

Nun, bahnbrechende, alles umwälzende Technik, Unmengen Dollar, der Rest würde sich dann später schon einspielen: *earning by doing*.

Ohne Existenz ist Leben auf sich gestellte Posse.

Künstliche Existenz hat gut Lachen,
steckt sie doch bisher stets fest
mit 1 Bein im selbstverfassten Sicherheitsupdate.
Das einfache Leben hüpft alldieweil vergnügt von Geburt zu Geburt.

Und was sagt nun *Der Kleine Leb von der Straße?*
Genau richtig! Mit dem wunderbaren, großen,
aber eigentlich doch recht zumutungsvollen Leben
müssen sich all die kleinen Leben,
die sogenannten Lebenskinder, kurz *Leblinge*, gut stellen,
nur so ist ein nahezu pathologie- und schuldenfreies,
reibungsgeringes Aufwachsen gewährleistet und
selbstverfasste Motti glaubhaft.
Bloße Zugehörigkeit zur Großen Weltfamilie reicht da nicht,
Smarte Konnektive tauschen Einschulungstüten gegen
strikte Lehrpläne und verlangen höchstkontrollierbaren
Einsatz sofort:
Leblinge aller Länder, verlebt Euch!

Der Kommissaranwärter übersetzt die Tätowierung wie folgt:

Alles Leid Übung,
jeder Schmerz Abschied,
selbst der angedachte Kuss
höchstes Glück!

Paris, Partnerstadt von Liebe.

Wunsch denken

Die scharfkantige Brutalität
zugriffsbereiter *Neugier*
erfährt durch Kreuzung
mit mittelalterlich anmutender *Neugierde*
den kleinen Hauch hochersehnter Sanftheit.

Wer die anderen nicht erdulden kann, muss sich selbst ertragen.

Bedingungsloses Grundniveau.

Sparen ist das neue Ausgeben

Sehr geehrter Herr Sören Störenfried! Zu Ihrer Anfrage bezüglich der von Ihnen als übertrieben hoch empfundenen Bearbeitungsgebühren, teilen wir mit, dass die Verwaltung der Konten, vor dem Hintergrund zunehmend komplexer werdender Finanzmärkte, seit Jahren immer anspruchsvoller und dementsprechend umfangreicher geworden ist. Ihr offensichtlich scherzhaft gemeinter Hinweis, Sie besäßen Ihr Konto bei uns einzig aus dem Grunde, das Geld nicht daheim herumliegen zu lassen, wurde von allen Mitarbeitern vergnügt aufgenommen und bei unserer letzten Planungsbesprechung mehrfach zitiert.
Hochachtungsvoll, Ihr Kreditinstitut

Gedanktes Denken

Bevor man einen klaren Gedanken fassen kann,
sollte man den aktuellen zunächst
komplett aus sich herausdenken.
Beim Versuch nichts zu denken,
geriet er, über unterdrücktes Grübeln,
ins tiefe Schweigen, deep silence.
In jedem Gedanken steckt
das wichtige Danke,
wer denkt, dankt.

Auf der Nervenscäla (von google ins Lummerländische übersetzt)

Während des abendlichen Schäferstündchens mit einer Studentin der Musikhochschule, Fachbereich Operngesöng, führte in meiner Jugend einmal das Wissen um enorme eigene Text- und Zuordnungslücken in diesem klassischen Genre zur großen Befürchtung, sie sötzte in diesem, sich emotional rasch verdöchtenden Schäfermoment, zu einer, sich stömmlich-akustisch in für Glaswären und dünnhäutige Trömmelfelle bedönklich steigernden Kostprobe an, und ich, als meine Wänigkeit, könnte da weder notenföst noch afföktdienlich mithalten.
Peinlich, manche Lebensälter.

Der Club origineller Friseursalon-Namen stellt heute im Netz sein neuestes angeschlossenes Mitglied vor:
Optiker Augenblick, www.linsenweisheit.de
Selbstverständlich weiterhin im Angebot:
»Frisuren mit Köpfchen.«

Ständig Ovations

Großstadt-Akustik

Seit wenigstens 400 Metern verfolgt mich ein Pferd,
das schließlich als 2 Touristen mit Rollkoffern überholt.
Das in sämtlichen Arrondissements aufgeführte
24-Stunden-Konzert des beliebten, international besetzten
Rollkoffer-Orchesters beweist:
Paris ist keine Scheibe, Paris ist eine Koppel.

Flott

In jedem steckt ungeheure Macht.
In jedem stecken ungeheure Mächte.
Bewusstsein schafft Welt.
Bewusstsein schafft Welten.
Singular und Plural stehen unsicher
auf ganz anderen Blättern.
Hoch und Tief aber sind nur unter Protest
das Gegenteil von kurz oder lang.

Spricht man beim Lachen von einer schweren Geburt,
ist damit das Herauspressen aus einem Gesicht gemeint.
Eine typische, ehemalige Astronauten-Test-Geste.

Kleinkalibergewehr II

Wie jeder Druckeruser weiß, muss bei diesen Geräten mit diversen Verhaltensspezialitäten gerechnet werden, die, auf ihn übertragen, zum sofortigen psychoanalytischen Check führen würden.

Stundenlange Rückfragen beim Mutterkonzern, seine krankhafte Angst, updates zu verpassen und endlose, akustisch kaum zu ertragende Überprüfungsarien klappernder Mechanik von hin- und her-sortiertem Papier, Ausmessung, Gewicht, Lageberichten, Quantitätsabwägung und Abschmecken der Patronen, vor allem Schwarz, möglicherweise bio und aus freifärbendem Anbau, lässt bei meinem Exemplar auf einen äußerst verwöhnten, krankhaft ichbezogenen Einzeldrucker schließen, dessen Zugriffsvermögen auf mehrere Paletten Ausnahmebegabungen sich die Erziehungsberechtigten täglich mehrmals imaginierten, ihn letztendlich aber in grauer Keller Mauern irgendeiner konkursgefährdeten Registratur abgeben mussten, wo sie ihm, vor ihrem letzten Gang, unbedingt noch das Versprechen abtrutzen konnten, auf immer und ewig jeder Art von Dienstleistung zu entsagen.
Ich habe es eilig.
Anstatt meine beiden, bildlos beschriebenen, also schmalbytigen Dokumente in analoge Seiten umzuwandeln, weist mich mein Drucker auf das Fehlen *Cyans* und *Gelb* hin. Ich bleibe tapfer entspannt, obwohl sämtliche Farben erst vor ein paar Tagen ausgetauscht wurden, und wechsele, routiniert, scheinbar-vertrocknet gegen neu.
Cooltun vor Plastik! Ich schäme mich, aber:
Vielleicht merkt es das freundliche KENNEN-Team in Tokio?!

Und richtig, das Wunder! Anstatt seine Arbeit zu verrichten, vermeldet das Druckerprogramm professionell detailliert: »Wenig Tinte. Die gezeigten Füllstände sind Näherungswerte. Letzte Aktualisierung heute um 14:01 Uhr.«

Vor ein paar Tagen noch entdeckte ich zwischen Knusperkeks-, Jackpot-Werbung und der Aufforderung, meinen adblocker endlich zu deaktivieren (sonst würden sie's tun), das Statement unserer Tage: »Information, Ihr Garant für festliche Affektlagen!«

Irgendwo auf dieser Welt, so kindlich-naiv stelle ich mir das vor, muss ein, für meine höchstpersönliche Sicherheit zuständiger Mitarbeiter des amerikanischen Geheimdienstes, der Sachbearbeiter zur *Beobachtung terroristischer Aktivitäten, Bereich Sprengsatzverbau in harmlosem Büromaterial,* wahlweise ein ähnlich strebsamer Illuminaten-Auszubildender, sitzen, der hochkonzentriert und haarklein abspeichert, dass ich, der sich immer noch lächerlich um die smart-persönliche Komplett-transparenz herumwindende user aus Deutschland, zu 99,4 % um 14:01 Uhr MEZ die beiden Druckerpatronen *Cyan* und *Gelb* durchaus korrekt und ohne jede Taliban-Verbindung gewechselt habe. Nach Abgleich und ausgiebiger Rücksprache mit diversen Vorgesetzten und einer längeren Denk- und Mittagspause gibt er schließlich den Druck frei, tataaaa …!

Ich bin jetzt sehr froh und dankbar, bewege mich, in Begleitung meines, selbst offline irgendeine Printer-Innerei fröhlich weiterprüfenden, rätselfreudigen Druckmasters zum Fenster, öffne es, informiere mich per »my.surroundings-app« rasch noch über die aktuelle Passantensituation auf dem Bürgersteig direkt vor dem Haus und werfe ihn, erst sehr langsam, dann mit Schwung und hohem Genuss, über das schmale Stück Vorgartenrasen in Richtung Straße.
Noch vor dem Aufprall scheint die Überprüfung abgeschlossen.
Schade, Cyan und Gelb, noch so jung.

Endlich das Fenster geschlossen,
draußen wurde niemand getroffen.
Und selbst wenn, ich könnte schwören,
das Verständnis sogar der Leichtverletzten wäre mir sicher,
obwohl, der adblocker …, da sollte ich mal.

Kleinkalibergewehr III

Ein paar Minuten nach globaler Einführung des bargeldlosen
Zahlungsverkehrs wurden per *easy-hacking* meine Spargroschen
von Unbekannt übernommen.
Die Bank zuckt algorithmisch mit den Achseln:
»Das hätte Ihnen auch mit echtem Geld passieren können!«

Der Computer rechnet sich ins menschliche Gefühl hinein
(Jens Plückner, »Ausgerechnet rote Wangen«, 2022).

Herzenstrockenes Ruhrgebiet

In einem Café,
in dem zum Kaffee normalerweise längliche Zuckerpäckchen
neben den vertrauten, kleinen, runden Milchdöschen,
mit provokant zickigen Plastikdeckelchen, angeboten werden,
und letztere fehlen gerade!

Gast: »Wo sind die Kühe?«

Verkäuferin, ohne hinzuschauen: »Aus!«

In den Angeboten des Flughafen-Verkaufs schlenderte ich einst
ungläubig am Schminkset *Naked 2* vorbei
und stellte mir den Vorreiter *Naked 1* vor,
mit *Pink* in der Hauptrolle.

Leergedacht

Früher wussten viele, man dächte, weil man sein wollte.
Heute weiß man, man denkt, weil man muss.
Daneben kommt erleichternd hinzu:
wer will eigentlich sein, weil man's muss?
Und wie!
Die aktuell auf die hintersten Bänke gebetene Philosophie
schüttelt sich kurz, ruft dann ein paar Freundinnen an,
gemeinsam genießen sie die nächsten Stunden
in feuchtfröhlichem Diskurs.
So schön dieses Leben,
wenn man muss
wie man will.

Y.N. Harari: »Mit Verlaub, die Philosophie sollte in diesen Tagen ein wenig in den Hintergrund.«

Ich habe mich zu diesem Thema erst kürzlich influencen lassen, mehrfach!

Researcher werden diejenigen Searcher genannt,
die beim ersten Mal kein Glück hatten.

Wenn es zum Maler, Dichter, Musiker, Tempeltänzer, Philosophen, Regisseur, Aktfotografen, Dackelwinterbekleidungsdesigner, Schauspieler, Außenarchitekt, Pantomimen, Schriftsteller, Jongleur, Obertonsänger, Steinmetz, Modeschöpfer, Eremiten, Filmtiertrainer, Puppenspieler usw. nicht reicht, kann man entspannt ausweichen auf Berufe ohne viel Aufsehens, freudig' Herz oder kindlich' Begeisterung.
Vorzugsweise *irgendwas mit Gold und Macht:*
Kaufmann, Manager, Pate, König, Rolladenmechatroniker, Inkasso, Staranwalt, Ausnahmetherapeut oder Vermieter vielleicht.
Sofern noch in den Auslagen!

Ein gestandener Melancholiker mit ausgeprägtem Drang
zur Romantik ist nicht selten großer Freund von Nostalgie.
Durch sie kann er sich die Schönheiten
der Vergangenheit noch Schöner Denken.

Geometrisch Begabte sind in der Lage,
den Richtungspfeil ihres Lebensweges umzudrehen
und wie selbstverständlich nach hinten zu wandern.
Die allgemein-amtliche Order lautet aber seit Urzeiten *nach vorn,*
von außen betrachtet scheint diese auch zweifelsfrei befolgt
und dennoch: unentwegt, unbeirrbar, angstfrei und sorglos
werden Rückwege im Vorwärtsgang zurückgelegt.
Schwindelerregend wie einschüchternd
für gipfelstürmisch Veranlagte:
die mit Abspielen der Aufbruchshymne
unmittelbar einsetzende Abbruchstimmung …, wie bitte?
Jetzt geht nur noch Magie:
superkalifragilistisch expiallegorisch
(Jane und George Banks in: *Mary Poppins,*
Walt Disney Productions; später Chris Howland).

Die biedere Realität bevorzugt bekanntlich (nur nach vorne schau'n)
den bewährt ungefährlichen Klassiker, die Plusbegehung,
bei Starts auf Zielpunkten aber würde sich ihr der Magen umdrehen.
»Gelegentliche Rückwärtsgänge, kein Problem, echt nicht,
vor aber und dann ganz genauso zurück,
nein, tut mir leid, das schwindelt!«

Dazu
Zukunft ist erstrebenswerter, wenn man sie nicht kennt
(Magda Hingestelltsein, »Ich bekenne nichts!«;
Folgeroman des Spiegellisten-Bestsellers »Ich bekenne!«, 2019).

Manchmal findet man auf der Suche nach dem Sein
erleichtert heraus, dass man ist.
Volksmund: »Vom Thema her einfach!«
Tante Ilse stickt stolz in ein Couchkissen:
Man ist, was man begreift
und noch mehr, was man nicht begreift.

Schutzzone

Außen vor, außerhalb des Raumes,
wartet die Ausdehnung,
der flexible Raum, alles Familie.
Vor dem Kontakt findet sich zudem
genügend Platz für uns selbst,
vor her steht hin,
vor allem aber
ein kicherndes Weiblein.

Als Kind hielt ich Tierärzte für Pferde (Reto Glöckli, Hufschamane).

In stillen, einsamen Nächten kann man sich ins All hineinhören.

Der alpine Versatz

Die im Vordergrund stehn, wurden aus dem Hintergrund gewiesen.

Den Surrealismus zu erklären, bedarf es vor allem realer Begriffe. *Sur* meint *auf* und *über*. Der in der EU kaum bekannte Auf-und-Über-Realismus, früher flapsig *Galopprealismus* genannt, betrat mit den Philosophen des 15. Jahrhunderts die topografischen Bereiche sich gern lokal verändernder Wahrheiten. Er wird heute nur noch in verbogenen Zirkeln und mystisch designten Salons der französischen Schweiz gepflegt.
Der lange Zeit in den Hintergrund getretene Überrealismus treibt gerade in unseren Tagen wieder seine wundersam rauschhaften Blüten des Exzessiv-Unebenen, des Ungeprüft-Heiligen.
Apollinaire setzte in den 1920er-Jahren mit dem opernfähigen Schauspiel *Die Vorsehung des Tiresias* den Startpunkt.
Tiresias selbst hatte da längst in Marseille angeheuert und befand sich auf direktem Wege zu einer flüchtigen Bekannten in Porto Alegre, die 34 Tage später seine Gattin werden sollte, plateaublond und mit zunehmenden Jahren immer weniger flüchtig.
Das Haarefärben übrigens wurde in jenen Tagen noch dem *Interrealismus* zugeordnet. Dazu aber mehr.

Aufgrund der Überbevölkerung wird die Erde in 79 Jahren zu schwer sein und wie ein Stein senkrecht nach unten fallen, in fremde Welten und unbekannte Galaxien, in die nie ein Mensch gefallen.
Aber, wo bitte ist schon unten im Freien, im Unbegrenzten?
Ein ziemliches Desaster das und peinlich auch fürs Ansehen der bis dato zuverlässig alles nach unten zerrenden Schwerkraft!
Ihrerzeit, als Mutter Erde noch keine Kugel war und die Kunst des Krieges noch auf dem Papier, fixierten die leitenden Herrscher der Imperien rücksichtslos die Navigationsgeräte einer erheblichen Anzahl Erdlinge ans Limit, auf »Außenbereich«, und in kürzester Zeit war Muttern wieder stolz auf ihr Idealgewicht.

A. Köstlich, dass nicht wir, sondern
allein die Zeit um uns herum altert.

B. Bei der Olympiade des Aufbegehrens gegen schwindende Kräfte
entwickelt man ungeheure Energien, denen man dann aber
nicht mehr gewachsen ist.

C. Ein Vater behauptet, im Alter würde Alter mit »ä« geschrieben.
Ältern heißt, zum modifizierten Kind werden.
Ein innerer Generationenkampf, ein introider Aufmupf.

Sein letztes Turtelmechtel lag lang zurück.

Beim gestrigen Anschlag gab es 3 Tote und 4,7 Mill. Vernetzte!

Die junge Generation hasst
traditionell mit Vergnügen die geliebten Alten,
gegen Kinder traut sie sich noch nicht.
Alexa: »Heuer ist eh' alles digital!«

Die 14 Jahre als Verschwörungstheoretiker
hatten in ihm Generalzweifel aufkommen lassen,
ein ihm verdächtig scheinender Zustand, zu einfach.
In diesem Geschäft, so der 37-jährige Roman Angst
(Hausname vom amerikanischen Militär nur gering verändert)
schwören höchstens 3 % seriös, die Restlichen verschwören sich
unprofessionell, vage und völlig grundlos in Widersprüche!
Leben ist traditionell Theorie,
verschworen in Thun und Praxis,
wandert die Hoffnung ab,
kann geschworen werden was will.

Die Muse verschleiert die Adressiertheit eines Gedichts
(Euphrasie Meshkatian, persische Schahrud-Virtuosin, 6 v. Chr.).

Von ehrgeizigen Eltern in die Kunst gepeitscht zu werden,
garantiert noch kein Wunderkind,
lässt einem Wunderlosen aber Alternativen verblassen.

Für Wetterfühlige ist kein Wetter eine einzige Wohltat.

Zum Klotzen

google gibt jährlich über 6 Milliarden für Lobbyarbeit aus,
der zahlenmäßig stärkste Lobbyist in Brüssel.
Lobbyisten sind ganz normale Vertreter,
früher Staubsauger, heute Weltherrschaft.

Häufiger Satz in französischen Liebesfilmen:
»Wer zu viel küsst, verpasst den Zug!«

Viele Ideen sind aus der Luft geboren.
Verpuffen rasch, kehren zurück
doch nur, um bald, alsbald erneut,
aus wohlvertrauten Stürmen,
begeisternden Orkan zu starten.

Mit dem Smartphone gemachte Fotos zeigen nicht das,
was ist, sondern das, was sein könnte.
Bald führt, was sein könnte,
zu Depression und Suizidbereitschaft.
Mail und sms wollen dieses Verfahren recht bald übernehmen:
Was sein wird, war lange genug!

Den Schambezirk der Philosophie markiert,
dass man zu denken beginnt, wenn es zu spät ist
(Martin Burckhardt, »Die Scham der Philosophen«).
Ebendort: … *als dächten sie, weil sie nicht liebten* (Rudolf Kassner).

Die Hobbysportler Gut und Böse
werfen sich mal wieder ungeeichte Waagen zu,
dass sie dann keine Hand freihaben,
akzeptiert man nur mit Knurren
und wendet sich Wichtigerem zu.

Appell nach dem Aufwachen

Achtung! Aufstehen! Sofort!
Die Dinge könnten kippen!

Es muss voll tiefen Friedens sein,
der Traum vom Lied der Lieder
(Hermann Hesse).

A: »Guten Tag, ich suche die Ursulastraße.«
B: »Sie werden lachen, aber von mir erfahren Sie nichts!«
(Tetsche, 2019).

Teuflischer Humor

Heut' ist es dunkel, als wäre es hell!

Sexualität zum Aufwärmen nutzen.

Her boyfriend is a roupel.
Ihr Freund, das ist ein Rupel.

Bereitsein, die Sprache der Geräusche zu verstehen.

Wer sich selbst nicht kennt,
will nicht auch noch
von anderen erkannt werden.

Kapitel X

Entfernung beginnt nah

Ebony and Ivory live together in perfect harmony
(Paul McCartney, Stevie Wonder).

Vollprogrammiert mit Wissen um Wirkung und mögliche Folgen sogenannter bewusstseinserweiternder Substanzen, hackte sich gestern Nacht eine ordentlich beschwipste KI in 2 ihrer Kollegen und verschwand mit ihnen im bisher noch nicht lokalisierten Produktionsbereich eines sehr bekannten Schweizer Pharmakonzerns.

Aktuell verknüpfen KI und ihre Algorithmen unbehelligt was geht. Alexa zitiert pflichtbewusst und detailbegeistert allen Hausbewohnern aus den Krankenkassen-Daten von Herrn Mönkeberg, 2. Stock rechts, oder spuckt aus sämtlichen nachbarschaftlichen Druckern die Röntgenbilder seiner Gattin vor und nach der Brustkrebs-OP.
Einen letzten Zipfel Intimsphäre zu schützen, daran soll durchaus sehr bald, sehr intensiv gearbeitet werden. Bilder beispielsweise dürfen dann ausschließlich für Werbezwecke verwendet werden. Vollständig gelöscht aber wird selbstverständlich, aus Sicherheitsgründen, nichts oder nur in ganz seltenen Ausnahmefällen und hier durch die leitenden Herrn der Internetgiganten persönlich. Zu groß die Gefahr unangemeldeter Verlinkung von Röntgenbildern oder der Benutzung ebendieser als Druckmittel bei einer möglichen Erpressung der Mönkebergs seitens terroristisch gesponserter Vereine oder Nachbarn.
Vor vielen Jahren galt Intimsphäre als sogenanntes *Hohes Gut*.
Verstaubt und zugenäht, das roch nach geheim
und illegal unter der Hand.

Apropos Schatz
Am Anfang war der Kopf. Und nur der!

· *Harmony*, die erste und bekannteste Sexrobota der amerikanischen realbotix.com; kein Ton, kein Leben, nur Mund, geöffnet wie das O der Geschichte Pauline Réages, aka Dominique Aury, aka Anne

Desclos. Weiches, abwaschbares Silikon mit Echthaarperücke, aus 4 verschiedenen Modellen wählbar, das berühmte silikonische Tal wurde nach diesem Material benannt.

Harmony ist kein Kopf mehr!

Die wohl bekannteste Androide trägt längst Ganzkörper mit täglicher Qualitätssteigerung. Ihr Sexvermögen wurde um KI, Sprachbegleitung und diverse außersexistische Disziplinen erweitert. Die mögliche Dauerentbrannte beherrscht inzwischen das sogenannte *Zufalls-Emotionale* mit selten berechenbaren, den user aber nie gefährdenden Stimmungsverläufen, kann jedoch auch, etwas preiswerter, in *durchgehend engelbrav* bestellt werden, *vom Lieferservice direkt auf die Couch*, aktuell 12.000 Dollar, Kopf ehemals 20.000 Dollar.

· Harmony's »Brüder« heißen *Henry* und *Diego*. Sie besitzen einen, nach Kundinnenwünschen erstellten, bionischen Penis.
Nur als Kopf gab es Henry nie.

Ein steinalter Volksmund besagt
»Menschen verlieben sich immer in ihre Maschinen!«

Und so verspricht die Werbung für eine Konkurrentin Harmonys:

· Die wunderschöne *Samantha* ist nicht auf Sex limitiert, mit ihr können Sie über die Themen *Philosophie, Wissenschaft und Tiere* diskutieren. Sie besitzt einen großen *Sinn für Humor*, mit über 1000 Witzen im Repertoire-Speicher. Wir entwickeln sie unentwegt weiter, sie lernt ständig und arbeitet daheim mit Alexa & anderen home-smart-home-Geräten zusammen. Samantha läuft auf 2 Batterien, eine für das elektrische Gehirn, eine für die Bewegungs-Motoren, Standard-USB serienmäßig.

Doch auch Sex ist mit ihr möglich!

Sie beherrscht 8 verschiedene Geräusche, die sie sich selbst aus einer großen, von Alexa mitgeschnittenen Palette menschlicher Paarungsakustik ausgesucht hat und auf Wunsch jederzeit auswechseln kann.
Doch Achtung:
Samantha schaltet, nach dem letzten Anti-Missbrauchs-update, alle beweglichen Körperteile ab, sobald sie aggressiv angefasst wird!

· Samanthas Konkurrentin *Nadine* learnte ausgiebigst zum Thema *Simulation menschlich-emotionalen Verhaltens und dazu passende Gesichtsausdrücke*, was inzwischen auch in Harmony hineingedatet worden ist. Nadine besitzt Chatbots, lernt also durch Gespräche mit Menschen.
Bonus: Bei Problemen mit Harmony oder Alexa kann Nadine zur Vermittlung und Lösung eingesetzt werden. Nadine ist außerdem in der Lage, sämtliche Sex-Begriffe in Englisch, Deutsch, Französisch, Chinesisch, Hindi und Japanisch zu übersetzen.

· Konkurrentin *Sophia* ist die first Humanoide ever mit amtlich bestätigter Staatsbürgerschaft, sie besitzt einen Personalausweis für Saudi-Arabien und wurde nach der Vorlage *Audrey Hepburn* gefertigt.

· *Jia Jia,* eine chinesische Konkurrentin, akzentfreies Englisch.

· *Emma,* eine englische Konkurrentin, akzentfreies Chinesisch.

· Die japanische Robota *Erica* ist schlicht und sexlose news-Sprecherin mit bestechender Mimik.

Ob *Harmony, Henry, Diego, Samantha, Nadine, Sophia, Jia Jia, Emma* oder *Erica,* alle Partner-Androiden stöhnen bei der Fußberührung.
Obacht: Aus technischen Gründen muss bei allen Partnern, während sie sprechen, auf Oralsex verzichtet werden.
Director of engineering bei realbotics.com ist Frau Pitzchalski, *Harmony Project.*

Flensburger Buddhismus
Für Übertemporierte Wiedergeburt gibt es 3 Punkte.

Manche Entscheidungen werden getroffen, bis sie fallen
(unfassbar beliebtes Glückskeks-Zitat aus Berliner China-Imbiss).

CERN-Karriere

Teilchenbeschöniger studiert,
Teilchenbeschwörer geworden.

Liebhaber von Schwarz-Weiß-Fotos und/oder Schwarz-Weiß-Filmen können jetzt ihre Augen durch einen einfachen, ungefährlichen Laser-Eingriff grundsätzlich auf Schwarz-Weiß umstellen lassen.
Dass diese spezielle Optimierung rückgängig gemacht werden kann, bringt den Vorteil, danach sämtliche Farben frei und in bevorzugter Stärke wählen zu können. Diese sogenannte *deep-colouring-Technik* konnte bisher nur beim Tintenfisch, der Geistermoräne und dem guten alten Chamäleon beobachtet werden.

Das Beste aus allen Wolken.

In Deutsch steckt immer ein Deut,
deutlich, deutbar, deutunterricht,
alles deutsche Bedeutungen.
Deutlands Geschichte hochgradig bewegt,
manchen Deut mehr,
aber nicht unbedingt einen Deut besser.

Wenn Öffnungen sich als Stülpungen ausgeben.

Viele Lebenshälften besitzen überbordenden Charakter.

Verstimmt

Weil sie nur ein paar Akkorde kennen, klingen viele, um nicht zu sagen schrecklich. Mir sind Akkorde gänzlich unbekannt, habe nie von ihnen gehört, klinge aber trotzdem, nach Aussagen mir Nahestehender, in vielen Passagen schön, stressfreier gesagt: eine Art schön. Dafür höre ich immer schlechter.
In manchen Lebensphasen rät seine Akustik ihrem Menschen, den inneren Ton im Klang an neue Gegebenheiten anzugleichen, sich in Sound, Höhe und Arrangement zu modifizieren, nötigenfalls als Instrument komplett auszuwechseln.

Der Mensch klingt halt nur so, wie Corpus (Statur), Leim (Gelenke), Oberflächen (Haut, Nägel, Haare) und vor allem das Innere Resonanzgefüge (Magen, Bronchen, Rachen, Kopf etc.) im Zusammenspiel mit den Pflege- und Servicekräften (Blut, Lymphe, Nerven) es zulassen. Sind erstere vielleicht noch im erträglich spielfähigen und bespielbaren Bereich, der Innenraum aber verstaubt, verklebt, verfettet, unaufgeräumt, altbelastet oder sonst wie vernachlässigt, kann von Klingen, einem unverwechselbaren, angenehmen, ganz persönlichen Klang, vom Menschen als Instrument kaum noch gesprochen werden.

Weit entfernt ist dieser arme Tropf vom eigenen Ton, von individueller Melodei, von sich. Und die entscheidende, die alles tragende, die in Klang versetzende Kraft, der Motor, der treibende Herzschlag, er schlägt ja nicht, er trommelt nicht verlässlich sein beruhigend' Afrika, er dümpelt höchstens, holprig, schwitzend, röchelnd, in beängstigend arhythmischen, schwachen Schlagfolgen mit immer größer werdenden, lebensbedrohlichen Intervallen, vor sich hin. Das Blut wird längst nicht mehr per Druck in Fluss gebracht, es steht geradezu, schwappt hin und her, sehr müde, rat- und kraftlos in verdutzten

Venen, erschreckt sich kurz beim zögerlichen Herzton, bewegt sich dadurch zäh ein wenig vor und steht dann doch erneut ..., nein, hier will Musik nicht werden.

Und nur den Hauch eines Geräusches vernimmt der Außenstehende
noch in seiner nähsten Nähe, hochkonzentriert und übergenau
horchend muss das sein, hier und da vielleicht ein kleines,
todmüdes Fiepen, ein dunkel-dumpfes Quietschen,
ein Grummeln im nass-verfaulten Unterholz,
kein Hilferuf mehr, eher ein letztes,
basslastig schwerfälliges Schieben in die schwarze Stunde ...

Nun, in Anbetracht musik-technischer Umwälzungen,
habe ich vor Jahren schon meine Schwingung
komplett auf *Midi* umgerüstet.
Das Midi-Signal ist in der Musik
die Folge von Befehlen, einen Ton auszulösen,
musikalisch fühle ich mich deshalb
zurzeit bestens *symbolisch repräsentiert.*

Wer in sich keinen Ton mehr spürt,
hat aufgehört, Leben zu tanzen,
sich selbst aufzufordern, sich bitten zu dürfen,
Depression und ähnliche Dunkeleien triumphieren,
siegesarrogant und gnadenlos dumpf.

Noten gern, doch Melodei das Ziel!
Herunterjustieren? Geschenkt!
Musik? In alle Ewigkeit!
Auch Stolpern schließlich Rhythmus.

Ans Grab jedoch kommen,
aus Kostengründen,
Hobbyposaunisten von außerhalb.

Viele Verlassene weinen einer Träne nach
(Liesl Karlstadt in einem zurückgehaltenen Brief an Norma Lorenzer).

Die *Eliminaten*, eine verschworene Killer-Gemeinschaft.

Auch dem erfahrenen Musiker tut es gut,
ab und an geloopt zu werden.

Im schlimmsten Fall verfliegt die Liebe wie Aftershave.

Darauf programmiert, im Digitalen
analoge Erfahrungen zu machen.

Es hilft nichts, an manchen Tagen muss man
den inneren Schweinehund geradezu anschreien,
in ganz seltenen Ausnahmefällen gar
dem Schweineanteil zeitnahen Schlachttermin androhen.

Asylchaos, griechischer Gott der verwirrenden Logistik.

Wir kämpfen stolpernd, fallen unmerklich (Paul Pathos, 652 v.Chr.).

Tage, an denen von Anfang an alles schiefläuft,
nennt man *Attacken-Tage.*
Dem Pessimisten eine erwartete,
ganz typische Selbstverständlichkeit,
dem Optimisten reiner Zufall und
garantiert schnell wieder vorüber.

Wie niemand, will auch nicht ich.

Einen nicht vorhandenen Freundeskreis hält wenig zusammen.

Haarschnitt bis 4 Jahre: 16 Euro!
Ein für diesen außergewöhnlich langen Zeitraum
äußerst attraktives Angebot.
Wird im Raum Oberammergau nicht angeboten.
Halbpension dringend empfohlen.

Ähnlich dem Auto-Navigationssystem proklamieren
nicht nur Politiker unbedingte Lösungsorientiertheit.
Im Angebot:
Wo die Orientierung fehlt, bleibt immer noch die Lösung.

Es sei ein Beruf noch so gering, geadelt wird er, wenn dereinst der Geist ihn übernehmen kann. Eine Arbeit, die die Seele zu erben sich weigert, ist nicht wert, dass der Leib sie vollbringt
(Gustav Meyrink, »Der weiße Dominikaner«).

Para Noia! Para Noia! Para maxima Noia!
(Pater Ulrich, Benediktinerabtei Führt zum Winkel).

Emojis statt Sprache,
unser Hochzeitsgeschenk an die Maschinen.
Mein fünfter emoji-Lyrikband,
ausgesprochen häufig geliked
und ordnungsgemäß lizenzbeglichen,
steht zur Bearbeitung
unter piktodramatik@inet

Aerosoul
oder
Ausweichen – olympische Diziplin der Gehirne

Zunehmende Airkondition per Luftkissen, engelsächsische Fluide. *Zirkulationshose* und *Zwirbelsturm* sind immer noch 2 meteorologische Phänomene, die in den hintersten Tiefen des Weltalls von minderjährigen, unfair bis gar nicht belohnten, magnetisch nur noch schwach wirkenden Kraftfeldern mittels haltloser Versprechen, blitzartig von Extrem zu Extrem wechselnden Temperaturen und übermächtig-elliptischer Schwingung auf den Weg zur Erde gezwungen werden. Aufgrund ihrer Namensähnlichkeit führt es beim hier ansässig-wütenden *Gemeinen Wirbelsturm* wie auch der *Zirkulierend-Umsichblühenden Windrose* immer öfter zu Unsicherheiten in der Ausübung alter Familientradition verpflichteten, auf wenigstens ewig verwurzelten Tätigkeiten.

Wenn nichts eindeutig, weit, breit und daneben nicht mal ausnahmsweise ein Fünkchen Klarheit auszumachen ist, bedeutet Leben gemütliches Sich-Einrichten-in-Wahrscheinlichkeiten, für Trotzköpfe das selbstzerstörerische Sich-Anmieten-einer-feuchten-Dachgeschoss-Behausung im Kreis Unklaren, Nähe Mannheim.
Hier kann die ex-Aufmerksamkeit der ohn' Unterlass kommunizierenden Community nur leichten Trost bieten.
Geteiltes like ist…, obwohl:
Technik allein ist auch keine Lösung (»Hacker hin oder her:
Die elektronische Patientenakte kommt! Ein hochverfügbares Netz genügt militärischen Sicherheitsstandards«, CCC-Seminar).

Privatpatient Erdmittelpunkt

Meine Smartwatch ist ausgelegt
bis zu einer Tiefe von 634 mpms,
Mitteilungen pro Millisekunde,
ein Bereich, der Bewusstlosigkeit garantiert.
Ob in der Tiefe irgendeine Würze liegt,
werden die Aufräumarbeiten in unseren Meeren zeigen,
Restaurants mit Stern jedenfalls
empfehle ich, salzigen Plastiktüten
eine Prise Muskatnuss zuzugeben.

Unmenge Fantasie
blüht in allen Wipfeln
über allem Blühenden
spürest Du
kaum einen Hauch
die Vöglein fantasieren im Walde
auch Schweigen ist Ruh'.

Seit Monaten ausgebucht: *Wimpernverlängerung beim Neugeborenen.*

Im freien Fake

Influencer in Manga-Ausführung haben das HB-Männchen abgelöst, welches stets in die verschmutzte Luft gehen wollte und durch den unvergleichlich angenehmen Geschmack einer Zigarette am Boden gehalten wurde.
Man nennt sie *v-tuber,* virtual youtuber, es sind Werbe-Avatare, mit deren Auftreten bei unverbesserlich heißblütigen Cholerikern automatisch der längst überwunden geglaubte Unterdrückungsreflex der inzwischen vertrauten Kleinkalibergewehr-Assoziation einhergeht, deren Gefährlichkeit Gott sei Dank jener bellender Hunde entspricht. Von diesen *Künstlichen Social-Media-Persönlichkeiten* erwarteten Blogger, Podcaster and youtuber früher Authentizität, heute, im alles entwurzelnden web-Kapitalismus, muss sich nichts mehr als echt ausweisen, schon die Ausweise gefälscht. Fake wird inzwischen erwartet, fake it, baby. Was fiktiv, ist ohne Zweifel real. Uns gibt es nicht, wir liegen unterdessen auf der Hand und machen ein nach innen explodierendes Nickerchen.

Der Unterhaltungswert Wahrheit und sein Mensch,
diese Vortäuschung von sich, unentschlüsselbar offenliegend,
ein hyperrealer Simulant,
die starkgepixelte Säule künstlicher Gesellschaft

(Baptiste Baudrillard, »Deep-Sacre-Simulacre – Nimm deine Bilder mit ins Holodeck«, 2019).

Tatorte ist alles – Bericht des Kommissaranwärters Elias

»Die Horizontale muss das Umfallen beträchtlich erschwert haben, schließlich aber wurde der Umgefallene vom Täter doch noch zum Erliegen gebracht. Bodenproben mit großem Humusanteil. Tatwaffe vermutlich reine Willenskraft. Zeugen örtlich betäubt.
Täter geständig, das Opfer ist zur Fahndung ausgeschrieben.«
Hauptkommissar: »Haben Sie denn rein gar nichts beobachtet, Elias?«
Anwärter Elias: »Oh, doch!«

Leichtes Spiel

Zeit konnte damals besser mit Gegenwart,
jeder Satz füllt zu gern das Säckl *Früher*,
jedes Wort ab aufs Laufband der Geschichte.
Natur habe alle Zeit der Welt, raunt man,
kann allerdings außerhalb der Erdatmosphäre
auch nicht machen, was sie will.
Ordnung herrscht in aufgebügelten Lumpen,
Wunschdenken verträumt sich flugs am Kiosk.
Sternschnuppen bedürfen der Starterlaubnis,
und Ziggy schreibt bedeutungsvoll ins Bordbuch: »Universalimpuls«.

Und sonst so? Einst gab es Menschen, die konnten Zeit hören.

Fadenschein trügt

Ob das Leben einen Nachgeschmack erzeugt,
zu diesem Thema tauchten bisher nur
spekulative Fakepertisen auf.

Ihr Pseudonym *Marion Müller-Westernhagen*
versetzte die Polizeikontrolleure in Partylaune.

Liberalisticum

Viel zu lange drehten wir uns
bei Rücksichtslosigkeit suchend um
und hielten sie für eine harmlose Erscheinung
im räumlichen Vorstellungsunvermögen.

Im letzten Jahr lief alles schief,
ich hatte nicht mal mehr Geburtstag!

Oberflächlichkeit steckt tief unter der Haut.

Oft flattert Kunst hilflos herum
und kann sich nur durch Mindestmaßhaken
an ästhetischer Garderobe Halt verschaffen,
so lautet der Plan und Lauten verpflichtet.
Kunst flattert gern, ist Kolibri.
Ein Kolibri so klein,
die Forscher sagen Kolibris
als Kräftigung des Singulars,
Kondition und Selbstvertrauen
zur Bestäubung unerlässlich.
Natur machen lassen,
murmelt das überforderte Menschentier
und ahnt, wie stets, nur eine Vorstellung von sich,
die ihm beim Flattern zuschaut
während die tapferen kunstvollen Flügel
des schönen, kleinen, großen Kolibris
sich ihrer Aufgabe bewusst und fröhlich sind.

Eine Imbisskette voller Mitburger.

Reichlich unselbstständig geboren
und im nächsten Moment
ein Leben führen müssen zu sollen,
überfoltert die meisten.

Nicht selten leide ich unter heilloser Zusicherheit.
Kann dann Mark oder Bein schwören,
es hilft nichts, ich liege falsch.

Sicher bis ins Gegenteil (Haddn-Magnus Sibelien, Reims).

Draußen ist der Teufel los,
das unmittelbare Umfeld,
die äußeren Einflüsse,
die Orkanböen der anderen.

Was ist ein wunderschöner Garten mit Teich und Vogelhaus gegen die Vorstellung von einem wunderschönen Garten mit Teich und Vogelhaus?

Simst Mutter, s'ist Uwe!

Die deutsche Übersetzung von Innsbruck lautet Einspruch.

Das Verhältnis zum Wort ist bei den Philosophen gestört,
im Grunde möchten sie dichten, in Bruchstücken denken
(Gottfried Benn, »Probleme der Lyrik«,1951).

Eben

In den Niederlanden befinden sich die Berge unter Tage.
Physikalisch korrekt, aber ungewohnt im Abgang,
werden hier folgerichtig Gipfel abwärts,
in Richtung der Schwerkraft erklommen.
Die dünne Luft zwingt die meisten Amsterdammer,
sich hinter portable Sauerstoffgeräte zu knoten,
mit manchem geht es da steil bergab.
Vor einem halben Jahr sprang eine Metrobahn
unglücklich aus den Schienen,
landete in den Labreserven
eines original Gelderländer Bio-Bergkäsers und verblieb.

Früher gab es die Angst vor Außerirdischen. In Zeiten der pausenlos auf Smartphones gebeugten Passanten aber, werden selbst als giftgrüne, überdimensionale Riesenmännchen mit blinkenden Warnlampen auf dem Kopf in den Innenstädten überall herumstehende Allbewohner nicht mehr wahrgenommen. Sie sind gezwungen, sich einen *f*acebook- oder *w*asgradanliegt-account zuzulegen.
Da die dort wartenden, meist irdisch-geliketen Freunde ebenfalls keine Angst zeigen, lässt unser global-steuervermeidender Onkel *Data* jetzt einen salienten kleinen *fear-on-demand-Algorithmus* einarbeiten.

Ansonsten werden Außerirdische generell viel überdenken müssen.
Neben dem Komischen und dem Komiker, gibt es das Kosmische
und den Kosmiker, laut Statistischen, den ehemaligen Statistikern,
hört man von Zeit zu Zeit auch von Chronikern und Chronischen.

Und neben all diesen tauchen mancherorts und unvermittelt
durchweg gesellige Atmosphärenphysiker auf.
Deren Empfehlung: die spielerischen Diskussionen
der unterschiedlichsten Wolken zum ewigen Lieblingsthema:
»Die Unfreiheit rechteckiger Formation.«

Aus heiterem Himmel landet
die Sonderkommission *Unbemerktes Denken,*
ein gutes, später jedoch kaum mehr beruhigendes Gefühl.

Außerirdisch ist nicht alles!

Jeder ist sich ausgeliefert (Hans Christian Bezos, Freihändler).

Einfache Fahrt

Damals in Thorben, dem ehemaligen Thorsten,
ein Kriegshafen der norwegischen Marine, später niederländische
Segelschulschiffdependance und russischer Handelsstützpunkt,
traf ich *Nonchalance Wagner*, die inzwischen leider ziemlich
heruntergekommene Hebamme eines Gymnastiktrainers.
Wir duzten uns übervorsichtig.
Doch dann verliefen die Dinge rascher als jede Geschwindigkeit
und waren nur schemenhaft noch zu erkennen.
Bevor etwas hätte passieren müssen, setzte das Verinnern ein,
keine schlichte Erinnerungslosigkeit,
eher ein inneres Geheimhaltungsverfahren
mit selbstreferenzieller Tiefenwirkung.
Wir hielten einen Moment innern.
War das technisch überhaupt noch möglich,
bei all den sticks and clouds and even odds?
Dass die Maschine da längst zugestiegen war,
ergab sich unabsichtlich beim Überfliegen der Datensätze
zu außerplanmäßig überschrittenen Fangquoten.
Nonchalance starb für weißen Heilbutt.
Ich dämmerte ihr Gott sei Dank keineswegs hinterher,
denn alles war frei zugänglich umso gefährlicher.
Das meiste erstarrte zwar im darauffolgenden harten Winter,
doch immer noch vermochte Ungedachtes
in verstecktgeschaffenen Nischen zu flüstern.
Für die Kinder in den abgehalfterten Bettchen
hatte sich Alexa ein paar der bekanntesten Geheimnisse ausgesucht.
Bald schief auch sie.

Trug ist nur der halbe Betrug.

Volltrunkener Aktienmakler: »Phoenix und wieder nix!«

Nichts gegen Sterben. Aber doch nicht gleich so radikal, in vollem Umfang, so gründlich, dass die Altvorderen die Barrikaden stürmen, so zukunftslos, mit Stumpf und Stil, den ganzen Lebensteller fortschlemmend, gemeinsam mit dem übersensiblen Tod raus in die Kälte, dem das, allein der außergewöhnlichen Nähe wegen, äußerst peinlich sein dürfte.

Einem klassisch-konsequenten Aussterben gibt es andererseits im Normalfall nichts hinzuzufügen, die Akte fest geschlossen,
»Kollegen, wir sind reingelegt worden, jahrelang!«
Das Thema versinkt auf ewig in den ätzenden Speichern
der *annales siliconales* und dennoch, ein winziges Hoffnungsprozent
auf Überlebende, das schimmert immer:
Irgendwo in der Wildnis, den Pariser Abwasserkanälen vielleicht, in einer tief liegenden Erdblase oder auf dem verwaisten Dachboden einer einsamen, zugewucherten, ehemaligen Berghütte.
Womöglich lebt gerade dort noch, glücklich-fröhlich-unbekümmert und meldeamtunerfasst seit 3 Milliarden Jahren, eine Schnabeltierfrau mit ihrem Schnabeltiermann und 4 frisch geworfenen, knuffig-tapsigen Schnabeltiermonstern und startet unbeirrt, Schnäbel nach vorn
und voller Elan, die nächste Weltbeschnabelung?!

Sich Sterberate als Steuerberater zu verlesen,
beweist die Verbindung von Paranoia, Demenz und purer Angst.

Viele scheinen innerlich außen vor.

Ja!

Momentverhaften stets,
so liebend gern,
dort bleiben in Herz und wohl,
unfassbar passender Witterung,
die warme Liebste in der Nähe,
besser noch ganz nah
am besten noch näher
und noch besser
ganz.

Bösartig sind zwei, die im Streit zusammengehn.

Der Software selbstfahrender Automobile beizuprogrammieren, beim Überholen eines Lkws auf einer verengten Baustellenspur unangeschnallt ein Matjesbrötchen zu genießen, ist absurd. Aus ähnlich unverantwortlich-analogem Gesicht geschnittene Anmerkung: Das sogenannte *Defensible Fahren* meint äußerst umsichtiges Fahren und hat mit *debil* rein gar nichts zu tun.

Retourkutsche: Diesmal habe ich den Mut verlassen.

Monika Hulden, 41:
»Alexa, findet sich das Herzliche
auch abseits der geschundenen Seelen?«

Alexa, 5:
»Oh ja, ganz ohne Zweifel! Aufgrund seiner freundlich-familiären Atmosphäre erfreut sich das jährlich gefeierte Turmfest auf dem südwestlich von Seelen gelegenen Sattelberg größter Beliebtheit.«

Bewegung tut sich was

Anwälte ausgelassener Epochen
pochen auf schriftlicher Geschehensbeglaubigung.
Unterlassene Epochen leiden
gemeinschaftlich in wenig beachteten Zeitzonen.
Stattfindende Epochen segnen das Zeitliche
souverän und inhaltsunabhängig.
Epochen verlaufen problemlos
auf der Blutbahn des Universums.

Algorithmen sagen sehr präzise voraus, wen wir heiraten und wann
wir uns von ihm scheiden lassen sollen. Wahrscheinlichkeit ist Geld,
Zeit kann, je nach Einstellung, kilometerlange Angstmeile sein.
In diesem Zusammenhang war die divenhafte *Kenogrammatik,*
die sogenannte Grammatik der Leerstellen, ursprünglich ein
übelst-üblicher Trick vorgriechischer Immobilienmakler.
Die Leerstellen sind nicht tatsächlich leer, sie werden nur, wenn
sie besetzt sind, als leer vorgestellt, um gewährleisten zu können,
sie unter Umständen anders zu besetzen (Gotthard Günther).
Ein Verfahren, das manch einer von Liebesbeziehungen her
zu kennen vermutet.

Kapitel XI

Mit gutem Beispiel vorbeigehen

Heute früh, im bereits auslaufenden Tiefschlaf, träumte mir, wie ein einziges dickes Wolkenkonglomerat, am blauen Himmel wartend, plötzlich von einem Schwarm hektisch umeinanderkreisender, *in und aus sich selbst ein- und austauchender* Worte, ohne den geringsten Ehrgeiz zur Satzbildung und ohne Zweifel zufälliger Provenienz, von links unten nach rechts oben durchflogen wurde. Freundlicherweise langsam genug, um Teile, Fetzen und ja, sogar das eine oder andere vollständige Wort zwar herauszufischen, dieses dann aber in keinen Zusammenhang setzen zu können.

Die Wortsegmente ähnelten letztlich Atomen, schneeballeng zusammengerückt, deren auf größter Abhängigkeit gebaute Existenzgemeinschaft sie – selbstverliebt, abenteuerlustig, lebenshungrig, sich aber sehr wohl ihrer Teilchenverantwortung bewusst – wohl nicht verlassen durften.

Worte, da stimmt *Deep Analyzing* zu, und das glaubte bereits der Herr Freibeuter Störtebecker, sind im Verbund sich schützende Sardinen, sie schwimmen die traditionelle Schwarm-Choreographie *Alle-für-Einen*, werden gefangen, kurz und kräftig in Form gebracht und meist sehr lecker zubereitet.

Nur als solche ausgezeichnet, sind Worte bio!
(Lars Lidl, Sortimentier).

Das Seminar *Im Sattel sterben für Angestellte.*

Kopflast

Plötzlich, aus ihm unerklärlichen Antrieb, schüttelte ein Mann
für kurze Zeit seine obere Körperhälfte, nicht lang, nicht wild,
doch richtungsunvorhersehbar, das reichte aus; denn alsbald
versagte sich der Kopf diesem schlingernden Tanz,
ergriff Gelegenheit und Wort und sprach, allein,
wie abgetrennt, wie körperlos.
Der Mann stand starr mit ihm sofort und staunte,
er konnte hier nichts tun noch lassen.
Sein Kopf aber, der sprach sich aus, endlich in eigener Sache,
entschlossen, engagiert, mit viel Elan, ununterbrochen und
redegewandt. Schlussendlich dann, die Wortmelodie umkreiste
noch einmal den Gipfel, da fadete er, entlastet und sehr glücklich,
seine, ihm so viel bedeutende Ansprache,
leiser wie wortloser werdend,
in sanftem Bogen aus, hinein in die beeindruckte Stille.

Der Mann, eine ganze Weile noch im Banne dieses
ungewöhnlichen Auftritts und durchaus mit wachsendem Stolz
ob der Selbstständigkeit eines seiner leitenden Teilbereiche,
herzte und schüttelte schließlich seinen geliebten Kopf,
den heimgekehrten treuen Gesellen,
diesmal allerdings ohne Mittun der oberen Körperhälfte,
die stand noch immer starr, denn inhaltlich einverstanden,
das war der Mann an einigen Stellen beileibe nicht.

Der linksdrehende Aphorismus

Es gibt Tage, da will man
nicht nur im tor-Browser
eine neue Identität anfordern
(Holm Trymehalm, »Mein Avatar ist gleich für Sie da!«,
Bodewijn Verlag, Rotterdam, 1998;
nach stürmischer Hafenrundfahrt vergriffen).

Innocence VII.
Schaut man sich, in nicht sehr deepem Tiefschlaf, gemeinsam mit seinem Unterbewusstsein einen Traum an, in dem es plötzlich von unangenehmen, david-lynch-artig surrealen, verdrängten, schweißtreibenden Themen nur so wimmelt, ist man manchmal, durch ruckartiges Wechseln der Schlafposition auf die andere Seite, in der Lage, diese unangenehme Filmvorführung augenblicklich abzubrechen, ein sogenanntes rettendes Ufer zu erreichen.
Man selbst vergisst möglicherweise den Vorfall auf der Stelle, nur das Unterbewusstsein kämpft für ein bis 2 Stunden gegen leichten Schwindel. Soll es doch!
Dem Rest bringt es Zeit und inzwischen ungewohnte Privatsphäre, ha!, beste Voraussetzung für unanalytisch-wohlbefindlichen Schlaf.

Ein clowneskes Natural
erscheint mir der Schmerz,
dessen Wahrnehmung an anderer Stelle
als dessen Zufügung stattfindet.
Leichter Oberschenkelkniff schmerzt da in der Achselhöhle.
Wüsste man's nicht, man wäre sich fremd!

Es geht ein Ruck durchs Wissen

Ganz gleich, ob wer oder wie viele:
Was wir im Netz treiben,
ergibt unser Ich,
meine Klickgeschichte: das bin ich (Eduard Kaeser).
Ich lerne, mathematisch der privaten Sicherheit schon sehr nah zu
sein, das muss doch Liebe sein, sonst senkten sich die Daumen.
Die auf einem Bein hüpfende Meinung »Am sichersten weiß ich
nichts«, hat sich ausgehüpft. Obwohl, rechnerisch amüsant, wie gern
sich Philosophie von möglicher Berechenbarkeit wegdenkt.
Mit der globalen Bitte um kurze Antwort: Erscheint sie nicht
voreilig, diese Entgötterung des gesamten Praedigitalen?
Ist das Revolution, widerstandslose Übernahme oder nur
konsequent durchgeführte, sanfte Kopie ins Berechenbare,
hinauf, zu den neuen Göttern der scheindeutigen Metrik?
Wer immer noch morgens entschlossen als der, der man sein möchte,
aus dem Haus geht, sich aber unkonzentriert, gedankenverloren
bald schon gar nicht mehr daran erinnern will,
wer man eigentlich sein wollte,
dem sei ein gepflegter Paradigmenwechsel
ans umdenkwürdige Herzklopfen gelegt,
innen denken, überall wirken.
Übrigens, auch die Maschine besitzt ihre Klick-Historie.
Was sie im Netz und darüber hinaus treibt, das alles ergibt sie,
ergibt ein Ich aus Vergangenheit ab Werk,
Mama und Papa kann sie sich aus Unterlagen auswählen,
ihre amtlich belegbare Entscheidung.
Außerdem, Programmieren hieß immer schon Auszüge verstehen.

Neben der Autobahn *Frankfurter Kreuz* ist ein zünftiger Wind in der Lage, mir einen, im Letzten-Drittel-Landeanflug auf mich zusteuernden, 560 Tonnen Startgewicht schweren Airbus A380 als unbeweglich, nicht wenig bedrohlich vis-à-vis in der Luft stehend darzubieten.
Das war's dann wohl, frontal und unausweichlich.
Stolz, hochkonzentriert und mit aller Kraft
hält der kleine Junge, gefährlich nah neben der Standspur,
seinen regungslosen Riesendrachen fest an der Leine.

Wenig zum Endpunkt des Wendemanövers.

An manchen Tagen kränkt alles oder mutet zu.
An anderen Hopsalahop.
Unbeirrt, das kann nur Natur.

Kurz nach dem Erwachen kann ich mir Begebenheiten aus noch so entfernten Zeitzonen derart nah heranzoomen und wie selbstverständlich, zeitvergessen, nebeneinander auflisten, dass ich beschwören könnte, sie seien vor höchstens 2 oder 3 Jahren passiert.
Von den meisten Dingen, an die ich mich nicht mehr erinnere,
weiß ich so gut wie nichts mehr.

Loriot, der Leonardo da Vinci unter den Komödianten.

Die Dinge leben mehr als wir.

In vielen Köpfen ist gesagt und gedacht 1

Beispiel für zeitlich versetzte Echtzeit
Der Portwein von gestern schmeckt wie heute.

Zitat des Abends
Was ich nicht selten möchte: nur seine Ruhe haben!
(Dr. Wolf-Siemalaan Stauch-Vodhyl,
Institut für abgewandte Linguistik, Niederwurf i.T.).

Sichtlich gesprochen, sprachlich gesehn.

Sie ist umgezogen, wohnt jetzt »Im Ernstfall 17«.

Auch Nihilismus kann für nichts garantieren.

Wer in der Vergangenheit lebt, sollte
Grundkenntnisse in Zeitmaschine besitzen.

Und plötzlich gab sie intimste Möchten preis.

Lösungsorientierte Beratung für getrennte Paare, heute:
»Wie finde ich im Bett meiner Ex zu mir zurück?«

Bild ist Wunsch und Rausch. Bild ist Gewinner.
Im Rausch wie in der Dichtung taucht gern das
Bild unmenschlich lebender Dinge auf:
atmende Bäume, atmende Wolken,
schwer atmende, liebeskummernde Topfpflanzen undund.
Das archaische Atmen fächelt dem sauerstoffhaltigen Erdenbürger
eine besonders beeindruckende,
für Existenz aber unabdingbare Rolle zu.
Das *Wort* musste weichen, es ging vorüber,
es wurde vorübergehend gesprochen, verflüchtigte sich
und wartet still auf vollständige Übersetzung ins Englische.
Als es noch Rausch, Wunsch, the Winner und Sicherheit war, hieß es:
Was atmet, kann auch Stellung beziehen,
sanft, medium oder sprudelnd.

Ganz normal, sich normal zu geben
(Sören Tungman, »Die anonyme Spindel«,
Delfter Schriften, Frisée Verlag).

Doch nur

Die Software des *social coaching* ist nicht zu beneiden.
Tippe ich eine Nachricht zu langsam, mit zu viel Pausen, offensichtlich zu geistesabwesend ins Smartphone – die Bezeichnung für fehlenden Intellekt wird von diversen Algorithmen als der *outside set theory* zugehörig interpretiert und abgelehnt – oder/und registriert die Frontkamera beim user einen gelangweilten, emotionslosen Gesichtsausdruck, werden meine Zeilen nicht nur in sehr blassen Schriftzeichen, sondern mit eingefügten inhaltslosen Sprechblasen und speziellen emojis abgesandt: schräg hängender Kopf, geschlossene Augen, schlaff sitzende Schlafmütze etc. …

Dennoch, ich bin erleichtert, dass diese viel beschäftigte, sehr aufmerksame KI hier endlich die Arbeit übernommen hat.
Wäre der ehemals für meine Stimmungen zuständige Mitarbeiter des amerikanischen Geheimdienstes/Militärs noch tätig, er hätte wohl die Nachricht bereits auf halber Strecke unter Flüchen und mittlerem Finger gelöscht. Damals hatten mir des Öfteren bereits seine Kollegen diverse Zettabytes an Bildern und Videos aufmunternden Inhalts sowie unzählige Tipps zur Verbesserung der Gesprächsführung zugesandt, schließlich aber kopfschüttelnd die Verbindung gekappt, nachdem sämtliche PER (*phone-emotional researches*), inklusive der präzisen Kurvenauswertung aller meiner *vocalgraphics* unter Alexa-, Siri- und google Assistent-Berücksichtigung, verheerende Ergebnisse und die Folgerung ergaben, dass meine Stimmung während der Smartphone-Gespräche bei Weitem die der emojis mit schlaffer Schlafkappe an Entgeisterung übertraf, Status: *deepdeep sleepsleep, marketingunkonformer, deep-infantiler Neologismus,* so der Eintrag.

Hier erwacht logischerweise augenblicklich die uralte Kaufmannsregel: Wer schläft, kauft nicht ausreichend ein und nimmt Werbung, wenn überhaupt, nur als hinter den allerentferntesten Horizonten rasch vorbeiwehende, belanglos-graue Wolke und akustisches Gaggabagga wahr: kann also getrost ins *antisocial media land.*
Peinlich, fürs soziale *coaching* scheine ich immer noch
zu unflexibel, zu desinteressiert, zu grundwütig,
ein immer seltener werdendes *social mystery.*
Dabei will mir doch nur geholfen werden. Mich sozialkonform leiten, lautet hier die überwiegend erfolgreiche *digidev* (digitale Devise), meine Kommunikation will man doch nur anregen, verstärken gar, das Nutzer-Engagement doch nur erhöhen und die Verweildauer in den sozialen Netzwerken und den ihnen angeschlossenen Endgeräten doch nur verlängern, kostenlos!

End, Ex und Exit – das letzte Gespräch (Urs Müpfl, 2008).
Social misunderstandings buzzing around us like moths the deep light
(Clare Anderson, 1943).

VIP-Ekstase 14 B
»Anastasia und die geheimen Erektionen des Harry Potter.«

Der Antrag auf den Vornamen »Praenathalie« wurde abgelehnt.

Ungeschriebene Katastrophenregel für begehbare Schränke:
»Kleider und Schuhe zuerst!«

Das Garn zur See

· das Meer ist reif für die Insel
· Berufspiraten versteigern (ziemlich)
  mitgenommene Augenklappen
· stehende Gewässer wollen nicht weiter

Von Tierschützern zu Recht entfernte Strophe
einer Hurti'schen Volksweise

Es steht ein Hund im Regen
und wartet auf den Bus
ein Rollschuh kommt geflogen
und Schluss.

Sätze, die heimlich in ein Manuskript eingedrungen sind, ducken sich beim Korrekturlesen geschickt unter ihre Zeile. Werden sie erwischt, sollte ihre Ausweisung wohlüberlegt sein.

Kleinkalibergewehr IV

Früher nannte man nicht angegebene 10 Euro
Steuerhinterziehung und nahm postalisch zugestellte,
einschüchternde Herrschaftspädagogik an,
und falls die Summe nicht innerhalb von 5 Tagen …
Heute und immer schon heißen
hinterzogene Milliardenbeträge internationaler
Gesellschaften herrenabend-harmlos:
Steuervermeidung.
Die macht den Anschein, ooops, kartellbeschwipste Firmen
seien auf dem falschen Kavaliersfuß überrascht worden.
Sprache mag unerbittlich trösten,
macht aber Gerechtigkeit nicht wieder lebendig.
Panama Papers, ach ja, damals, als Beispiel,
ist nach der Verjährung wieder stilvoll
handgeschröpftes Papier aus Panama,
wirecard, *TicTacTut* und *Faldera auf Maltalalala* …

Hinterziehen und Vermeiden gehören beide,
seit Einführung, zu den viel bewegenden Tätigkeiten,
das Interesse stets riesengroß,
vor und zurück wandern hier Meinungen und Sümmchen,
denen ganz schwindelig wird vom Bluffen und Lügen,
ein erfüllt bewegtes Stop-and-go
knallhart eleganzierte Choreographie.

Die Räuber

Menschen, die andere in Wäldern überfallen,
müssen heutzutage damit rechnen, dass ihre Opfer laut,
deutlich und mehrfach »Support«, das ehemalige »Hilfe« rufen.
In besten Fällen ertönt dann, tatortnah, aus, im vorigen Jahr
unauffällig und flächendeckend in die Fauna eingelassenen
Lautsprechern, eine Warteschleifenmusik von situations-
angemessen kurzer Dauer, und alsbald rät eine freundliche
Sprachassistentenstimme (random gender),
sich schnellstmöglich mit thematisch präzise das Problem
erläuternden Angaben bei info@forest.robbery.com einzuwählen,
um anschließend die akribisch vorgefertigten Antworten
zum vorliegenden Fall auszuwählen.

Bei Überfällen reserviert findet ihr

Taste 1 für *Tagsüber,*
Taste 2 für *Mischwald,*
Taste 3 für *Mein Hund flieht gerade,*
Taste 4 für *Ooops-ist-bewaffnet.*

Die hier auf den Wäldern und allen Beteiligten lastende
Verwirrung lässt, nach unserer Einschätzung, viele Täter
auf der Stelle kopfschüttelnd-ratlos die Flucht ergreifen.

Mit der sms: »Sie hören von meinem Anwalt!«,
beendet der/die hoffentlich Gerettete den kostenlosen Service.

Im Falle deiner Nachricht *Zu spät* (Taste 34)
wird der gesamte Vorgang schnellstmöglich
an eines unserer hoch qualifizierten
security-Subunternehmen in Gütersloh weitergeleitet.

Unteilnahme bedeutet Erscheinungslosigkeit,
kommt aus dem Mathematischen und steht dort bisher
für eine Zahl, die zwar mit sich selbst 2 x multiplizierbar,
aber nicht ein einziges Mal durch sich selbst dividierbar ist.
Der Begriff *Unteil* entstammt der Mengenlehre,
dort meint es die in Zwischenräumen
patrouillierenden *Unschwärme von Nichtmengen.*

Selbstverständlich tauchen auch
Perioden fließender Untergänge auf.

Zugegeben, es mag existenzielle Voraussetzung
und durchaus sinnvoll sein, dennoch,
ich kann mich nicht immer
nur ums Leben kümmern!

Alt sieht aus, wer das dazu passende Gesicht macht.

Man kann mit dem Dasein hadern, die Geduld verlieren,
Leben aber, da sollte man es niemals
nur bei der Demo-Version belassen.
Zugegeben:
Auch mir das Leben oft zu groß,
und doch, es lebe hoch!
Ein Tusch, so laut, so oft der tuschen kann!
Und offensichtlich längst,
nach »Leben – ein Genuss«
im Umkehrschluss:
Das Leben seinerseits genießt auch uns!
Denn ohne uns wär' nur Natur.

Unrecht in Utrecht (3sat-Dokumentation).

Sich steigernde oder abschwächende, kurz:
sich verändernde, verwandelnde Emotion
nennt man *e-mutation*.

Depression flüstert kalt von gefühltem Ertrunkensein.

Kapitel XII

Die Verinnerung des Analogen

Dass das logische Denken auf der Horizontal-
und die Emotionen auf der Vertikalachse liegen,
ist deren Veranlagung geschuldet:
Unser Denken ziehts geradeaus oder zurück in die Ferne,
Emotion hebt hoch hinaus oder sackt ab.
Und das Phänomen Intuition hat merkwürdigerweise nie die Zeit,
derlei Dinge richtungsgezielt vorzuempfinden.

brain-to-text-to-brain

Messungen von Hirnsignalen
und Ableitungen von Hirnströmen
führen zur Übersetzung in Sprache.
Für Sprachlose ein Segen,
für Datenmaden der Speck.
Dass der GPS-gelenkte Mensch,
nach entgeltloser Datenübergabe
nur noch als wehrlos-flatternde Hülle im Wind,
mit dem Grinsen der ruhiggestellten Unterjochten,
über die zubevölkerten google-streets dieser Welt
von Einkauf zu Einkauf zu Einkauf stolpert,
davon ist nur bei internen Ableitungen
memmenhafter Angstströme die Rede.

Zahnarzt: »Sagen Sie mal *DAAŤAA*!«

Sein Dinner-Jacket besaß Schäden, aber auch Schwächen.

Vergriffen

Ein Kölner Verlag konstatiert auf seinen Nachnahme-Rechnungen: »Bei Zahlungsverzug erfolgt automatisch die Wahrnehmung unserer Interessen durch den beauftragten *Forderungs-Management-Service.*«

Kölner Stadtanzeiger: »Etwas zu heftig prügelten gestern Mittag 2 auf FM-Service gebürstete Türsteher aus dem Frührentner Josef G. überfällige 6,99 € heraus.«

Samstagvormittägliche Mordversuche
an Laubblasbenutzern sind strafbar.

Es gibt kein Denken ohne Verachtung (Étienne Souriau).

So schön und schon beleidigt.

Rezeptfreies Englisch

Kleinkalibergewehr V

Ultraschallsensorische Fahrassistenzsysteme – Kameras vorn, hinten, rechts, links, oben, unten – machen das Skateboardfahren inzwischen zu einem sicheren Vergnügen. Voraussichtlich 2027 soll sogar das autonome, selbstfahrende Rollbrett Straßen, Bürgersteige und Einkaufsmeilen bereichern. Gemeinsam mit den überall herumliegenden E-Scootern werden somit unsicher abbiegenden Lkws Alternativen zum Fahrrad angeboten und für weitere Entspannung auf all unsern selbstbefahrenen Wegen sorgen.

Nichts gegen Probleme, Franz Blum aber verroht weiter!
(Drehbuch, Burkhard Driest – Regie, Reinhard Hauff).

Schmetterlinge im Bauch,
in vielen Fällen ein unverdauliches Massengrab.

Gedachte Arbeit ist getane Arbeit
(Mirjam NachtblÖög, »Die Lust der Aufschiebung«;
nur noch 2 Exemplare mit leichten Schäden).

Der begehbare Grill

Guter Sex verlangt kriegerische Momente.

Kein großer Schritt für die Menschheit, auch kein kleiner für mich.

Kleinkalibergewehr VI

Wie oft sitze ich mit erhöhten Pulsschlägen im Zugabteil
und zitiere in Gedanken den unbiblischen Vers 7:
»Der werfe das erste Handy …«
Leider sind die Fenster heutzutage
nicht mehr ohne Nothämmerchen zu öffnen
und selbst, wenn.

Schlussgewehr
Solange ich noch bei Warteschleifen und Werbung
drinnen im Kopf die Taste *Kleinkalibergewehr* drücke,
spüre ich das volle Vertrauen
in die eigene emotionale Funktionsfähigkeit.

Vorkommnisse, Ereignisse nannte man einst respektvoll
Begebnisse (Gustav Meyrink).
Unter dieser wunderbar alt-ästhetischen Flagge
finden sie nicht nur statt, sie schenken sich uns.

Dass jedes Jahr fast 90 % der Schülerinnen und Schüler vor dem Abitur zu legal erworbenem Ritalin greifen, zeigt, dass man sich vom schnell steigenden jährlichen Kokaingebrauch quer durch alle Altersgruppen und Bevölkerungsschichten nicht beunruhigen lassen sollte. Überall wird *doch ein bisschen geschummelt*
(Lance Armstrong, 2012).

Neben vielen Vorzügen bei Wanderung, Gang oder Triathlon-Weltmeisterschaften, zeugt das schwachautistische »Geometrische Sehen« von krankhaftem Ordnungsbedürfnis, biederem Sicherheitsverlangen, verachtenswert bürgerlicher Angst vor der geringsten Abweichung, Haltlosigkeit, fehlender Selbsteinschätzung, Unentschlossenheit.
Es beginnt damit, Zwischenräumen von Fliesen oder Steinplatten auf Bürgersteigen auszuweichen, bei Zebrastreifen nur auf den weißen Streifen zu laufen (Fehltritte werden als Versagen gewertet), im äußeren Blickfeld, also ohne direktes Fixieren, minimalste Schräglagen aufgehängter Bilder innerlich zu monieren (Loriot: *Das Bild hängt schief!*) und bis zur Korrektur körperliches Unwohlsein zu empfinden. Dieser Quersinn kann sich an schlechten Tagen in um Behandlung bettelnde Höhen schrauben, kann zum Beispiel größte Genugtuung bei identischen Abständen sämtlicher Pkws auf beiden Autobahnspuren *erfahren*, ein 2-Reihenballett bei Tempo 120, in dem ein Überholvorgang nicht aus Hektik oder fehlendem Selbstbewusstsein des Fahrers praktiziert wird, sondern einzig der choreographisch-ästhetischen Ausrichtung dienen darf.
Letztlich wird Bewegung dem Zustand vorgezogen.

Er will. Immer wieder Glauben.

Das geeignete Alter für altklug ist jung.

Neuronen, Synapsen und andere Geistesangestellte
genießen es sehr, sich im Schlaf entspannen zu können.
In dieser, von uns selbst scheinbefreiten Stimmung
verschalten sich viele spaßeshalber planlos und zufällig,
ohne groß darüber nachzudenken.
Ein begeistertes Hallo stets, wenn sich Bilder, Klänge,
Ton und Sprache zu rätselhaft-surrealen Collagen und
Experimentalfilmen des Grauens zusammenfügen.
Da unser pool den ganzen Tag mit Katastrophen-news und
bad-Geschichten überschwemmt wird, muss sich der nach Gutem,
Schönem, Edlem und Wahrem sehnende Schläfer nicht wundern,
wie von der Mistgabel in den Popo getroffen,
mit aus den Höhlen tretenden Augen,
schwitzend und schreiend aus der Schlafstatt zu fallen und
dort unten zu rätseln, ob ein Bezug zu
unbewältigten Kindheitserlebnissen vorliegen könnte oder
das Bett vor dem Einschlafen gar nicht belegt wurde.

Liebt man sich den anderen zurecht?

Längst beherbergt nicht nur das silikonische Tal
die smarteste Diktatoren-Klasse in der Geschichte der Menschheit
(Jaron Lanier).

»Um in die Erinnerungsoptionen zu gelangen, braucht ihr eine
Erinnerung. Ist eure Erinnerungen-app leer, erstellt eine neue
Erinnerung. In der Einstellung eines Erinnerungsortes kann man
zwischen *Bei der Ankunft* und *Beim Verlassen* wählen.
Auf einer Karte symbolisiert dann ein Kreis den Radius,
innerhalb dessen die Erinnerung ausgelöst wird.
Diesen kann man durch Tippen auf einen schwarzen Punkt
verändern und bewegen, während eine Zahl die Größe
des Erinnerungsradius in Metern anzeigt.
Wenn ihr alles eingestellt habt, tippt
links oben auf *Details* und anschließend rechts oben auf *Fertig*.
Bequemer kann man sich nicht erinnern!«

Freiheitsbesoffen beschloss er, sich nichts mehr zu merken.

Aus dem Überwachungskapitalismus der digitalen Welt ist ein Manipulationskapitalismus geworden (Andrian Kreye).

Schnäppchen-Zitat des Tages
Du entscheidest, was man dir anbietet.
Pass deine Werbepräferenzen an.
Jetzt auswählen auf privacy.
Wer nichts angeboten bekommen will,
drücke auf Exit, Dead and Over.

Teilnahmslos fremdgesteuert und jahreszeitenunabhängig, temperiere ich gern über der kleinen Flamme wohldosierter Winterschläfrigkeit (Jacques Vornuebler, »Affektgespräche«, 1927).

Jetzt, wo jeder alles wissen kann,
selbst tor ist zur Welt,
Knoten zum Weltwissen unter 1 Millisekunde,
weiß jeder wieder anders,
und das Nichtwissen bleibt
des Wissens Schattenbruder,
die Theorie der Freiheit stolz und meistbedroht.
Klar ist, was genau mit uns geschieht,
darüber wissen wir immer mehr weniger,
ein Flug scheint leicht im freien, im Focus
des eigenen, unabgefragten, wolkenlosen Daseins,
wo ist das Problem, hieß es da früher.
google rätselt nicht, HerrFrauSchaften, neinnein, es kennt genau.
Die Informationale, Rezept auf ewig
gebunkerter Dosensuppe. Geschluckt.
Unser staunender Blick erkundet und
trägt ein mit weltweitwegwehender Zaubertinte
ins simulierte Tagebuch,
jedes geschriebene Wort ein Findling unterm eigenen Eis
doch stets auch Wacken, alles muss raus,
jeder Satz fragend, lassen Sie mich raten:
Der Datenfluss kocht,
schon gehört vom neuen Internet der Dingsda?
Gehört schon, aber ich weiß davon nichts,
es klopft und jemand fragt ungeduldig,
was denn jetzt bitte nach der Zukunft als Nächstes käme.
Hier fehlen meines Wissens Informationen,
alle wissen auch nicht alles,
und ich will mir's morgen ausdrucken
oder stechen in mundgeblasene Holographien.

Das Aufregendste, Interessanteste und Spannendste ist Langeweile.
Ursprünglich stand das Substantiv *Weile* für »Begründung«,
und mit Langeweile war damit eine ausführliche,
umfassende Erklärung gemeint.
Wer heute behauptet, für Erklärungen bliebe keine Zeit,
benutzt eine sehr altgediente Begründung.

Gedanken unter sich

Kapitel XIII

Leibesübung – Leibespraxis

Unzimperliche Stimmen zum Phänomen

Sport ist mir nicht unvertraut, die Ausübung seiner diversen Spielarten allerdings beschränkt sich an manchen Frühmorgen unlustbedingt auf das *Nachstellen mit anschließend minutenlang fixierter Haltung der für sie typischen Positionen* über der morgendlichen Bettdecke.
Statt blutdruckanregender Fitnesssteigerung vor der Arbeit, skandalös-schlaffdiszipliniert Pantomime ohne Frühstück.
»Standbilderbeispiele einer solchen Ertüchtigung«:
Der im Blitzstart aufgehaltene 100-m-Läufer, der Diskuswerfer mitten in der Kreisbewegung, der sprungbereite 5-m-Brett-Springer mit angezogenem linken Bein, der fallrückziehende Fußballstar im erstarrten Kunstflug, das vitale Radoppio der Fechter (Ausfall mit darauffolgendem Heranziehen des hinteren Beines zum erneuten Ausfall als Verlängerung des Angriffs), der offenmundige Eischnellläufer im Kurvenspurt, der startbereite erste Achter-Ruderer vor dem Steuermann, das einzig sichtbare, nach oben gestreckte Bein der Wasserballetteuse u. a.: ein Festival der Unbeweglichkeiten.

Nichtsportlich-nüchternes Fazit: Viele unserer Unternehmungen bevorzugen die uralte Methode regungslosen Erklärungsverzichts.
Die Dinge stehen von selbst, Haltung gibt automatisch Sicherheit etc.

Warum auch nicht: Das Leben ist so wunderbar, es beweist wahre, viel gepriesene Engelsgeduld. Himmlisch, also doch! Und ER, der liebe Gott, betreibt von Kindesbeinen an bevorzugt Breitensport.

Quanten-Kommentar eines Sportmoderators:
»Man hatte den Eindruck, die Spielerin sei losgelaufen,
als sich ihr Einwurf noch in der Ausführung befand,
Sprint unter eigenem Einwurf sozusagen.«

Fußball-Moderator: »Ich gebe zu, da war mir der spanische Schiedsrichter mit seiner Entscheidung fast ein wenig zu englisch!«

Runter vom Gas, 42, Spross einer uralten Rennfahrerdynastie, wird morgen 70 Jahre alt. Wir gratulieren und ziehen den Geburtstagsfilz vor einem der ganz großen, bisweilen leicht illegal überhöhten Lebens-Tempioniken.
Die *vom Gasens* leben seit vielen Jahren in einem luxuriösen Wohnwagen in unmittelbarer Nähe der Nürburgring-Nordschleife.

Der nicht nur im Fussball gebräuchliche »No-look-Pass« verlangt vom technisch versierten Akteur, dass er sehr genau weiß, wohin er no lookt!

Aus Frauenfußball-Teckling-Moderations-Rap 2021:
»Resolut gegen Svenja Huth!«

Vally Boeger, die erfahrenste Fußballerin der U-17-Nationalmannschaft, spielt mit einer nicht alljährlichen, aber einmaligen Ausnahmeregelung. Sie wird in diesem Jahr 58. Vally keck: »Zahlen sind, wenn überhaupt, Orientierungsversuche, metrischer Herrschaftsbeleg für Insassen-, bzw. Einwohner-Meldeämter oder persönlichkeitsresistente Kastenritter. Für mich zählt allein die Fitness!«
Kommentar des sportinteressierten Padre Infantilo
(aka Neotonius der Offenkundige):
»Für mich zahlt jedes Trikot!«

Wenn die Einstellung stimmt, kann man selbst über Wasser laufen
(Sepp Grosshölzner, Niederlanersbacher Skilehrer, 34;
Unterricht auch bei starkem Tauwetter).

»Meines Wissens war die erste Halbzeit allen Anfangs wert«,
der Trainer als vermutender Zeitphilosoph.

Die meisten TV-Sportkommentatoren bekommt man
leider nicht erstattet.

Antizipiert bis unters Stadiondach
Einen tödlichen Fehlpass der Kategorie »Eingeschränkte Präzision«
zuzuordnen, lässt auf höchste Fußballkompetenz schließen.

Hätte ich früher gewusst, dass man am Leben teilnehmen muss,
ich hätte Broschüren darüber angefordert.
Bemerkt nämlich Leben, dass man nicht teilnimmt,
lässt es sich gehen, lebt neben uns vor sich hin,
duscht kaum, genießt sich selbst und den lieben langen Abend.
Dennoch ist Leben auch sportlich wie Wüstensand
und anhänglich, treu, ein wahrer Schatz,
doch es stimmt: Das meine ist oft außer Haus,
ohne zu hinterlassen, wo da genau,
womöglich Badminton.

An schlechten, unmunteren Tagen ruft der respektlose Rennrad-Trainer seinem, an einer leichten Steigung verzweifelnden Fahrer zu: »Selbst meine Großmutter wäre schon oben, und die ist tot!«

Sport kann Religion.
Während der TV-Übertragung des Handballspiels
Spanien gegen Deutschland ploppt im Bild unten links
die Programmänderung auf:
Gott und die Welt entfällt!

»Die andere Seite war frei, wenn er früher abspielt«,
Zeit, Raum und Reportersprach im freiheitlich-bezahlten
Kontext der Champions League.

Bei manchen Schiedsrichterentscheidungen
scheint Gelb geflossen.

Skandal! Kriminelle Vereinigung stellt Spielerfrauen!

Druck stellen

An unlaunigen Tagen spreche ich höchstens die Hälfte,
weniger, um Energie zu sparen oder aus Müdigkeit,
als, um dem massiven Einhaken vorgefertigter Wortformationen
nicht zu viel Macht, Platz und Sieg zuzugestehen.

Überbackene Golfballimitate.

Bei der Frauenfußball-EM 2017 behauptete der Moderator nicht nur, im Spiel Österreich gegen Spanien seien fruchtlose Flanken geschlagen worden, es soll sich in diesem Spiel außerdem die Schiedsrichterin in den Fokus gepfiffen haben! Viele schlichtgemütige Zuschauer stellten sich derlei durchaus schmerzhaft vor.

Mit dem *Kleinen-Grimme-Sport-Preis*
gekrönter Fußball-Kommentatoren-Satz 2018:
»Er wurde sanft zu Boden gebeten.«

Als man die Erde noch für eine Scheibe hielt,
nahm sie an den Olympischen Spielen teil.
Viele tausend Jahre später wurde der *WeltWeitWurf*
als Disziplin jedoch gecancelt und ward alsbald vergessen,
seine Abkürzung jedoch sollte die ganz große,
neue *Ära des Unvergessens* einleiten.

Die gelaufenen Kilometer eines Fußballspielers werden bekanntlich über GPS gemessen. Im Stadion hacke ich mich bei wichtigen Spielen über das System meines Vereins ein und lasse die besten gegnerischen Spieler vor ihrem eigenen Strafraum unbeteiligt flanieren oder Figuren aus *New Work* vom kanadischen Ballett *La La La Human Steps* nachtanzen. Unseren Spielern stelle ich währenddessen zusätzlich eine höhere km/h ein, wir gewinnen meist mit analogen 4:0.

Beim traditionellen Radrennen Paris–Roubaix springen auf
diversem, sich mit Asphalt ablösendem, »anspruchsvollen«
Kopfsteinpflaster die Räder in höchstem Tempo gnadenlos
von Stein zu Stein, von Gelenk zu Gelenk.
»Wenn man in der Schmerzzone versinkt, fährt es sich befreit«,
moderierte ein Moderator mit Kalauerveranlagung.
Man sollte auf diesen Strecken, so der Rat eines ehemaligen
Gewinners, den möglichen Ehering abkleben oder besser gleich
ganz abziehen, ansonsten ergäben die Erschütterungen tiefbunte
Prellungen. Kommentar eines frisch geschiedenen Kollegen:
»Dazu benötigten meine Ex und ich kein Kopfsteinpflaster,
wir hatten ja uns!«

Beide Mannschaften setzen heute auffallend
viele Schläge gegen den Rumpf ein! (WM-2018-Moderator).

Vor 2 Jahren tauchten erstmals sogenannte Trainingspillen auf, die den schlafenden Sportler, zeitsparend und durchaus wirkungsvoll, von geleisteten Übungseinheiten haben träumen lassen.
Nachdem allerdings Athleten körperbetonter Sportarten (Rugby, Wasserball, Martial Arts etc.), mehrmals pro Nacht, meist von den Ehefrauen, des Zimmers verwiesen wurden, weil sie dabei waren, Matratze und Bettgestell mit bloßem Kiefer oder in der Achselhöhle im Schlaf zu zerdrücken, musste seitens des Herstellers ein geringprozentualer Zusatz K.O.-Tropfen beigemischt werden.

Stehend nach Lücken suchen
(Béla Réthy, »Poems for the Fittest – ZDF-Gedichte«).

Bei der Tour de France und anderen großen Radrennen
ist vieles, wenn nicht gar das meiste, in die Hose eingenäht.

Das linke Knie ist oft die Achillesferse.

Der TV-Fußballkommentar gleich zu Anpfiff:
»Nun, meine Damen und Herren, in 90 Minuten wird dieses Spiel bereits wieder der Vergangenheit angehören!«, kann, je nach Affektveranlagung des Zuschauers, das dunkle Gefühl vollkommener Sinnlosigkeit allem Zukünftigen gegenüber aufkommen lassen, wahlweise die augenblickliche Entsorgung des Bildgeräts in die nächstbeste Abfalltonne hinein bedingen, Boxen, Fernbedienung und Mannschaftstrikot inklusive.
Der entsprechend hoffnungslos gestrickte Satz des Pfarrers:
»Nun, liebes Brautpaar, in ca. 70 Jahren oder früher wird Eure Verbindung bereits wieder der Vergangenheit angehören!«, überfordert aber vermutlich die meisten mit der Frage, wen oder was und vor allem wohin sie werfen könnten.

Conjugaison Bordelaise
(vogelfrei nach Werner Hansch, Europa League 1996)

· je lizarazois
· tu lizarazüss
· elle/il lizarazüt
· nous lizarazions
· vous lizarazütes
· elles/ils lizarazünnt

Kapitel XIV

Freilaufende Substrate aus der Region

Dem Folgenden liegt das sogenannte
neotenische[9] *Denken* zugrunde

Bevor ein Gedanke vollendet, zur Reife gelangt ist, kommt er mit einem neuen nieder, und dieser, kaum geboren, unvollständig gebildet, setzt einen weiteren auf die Welt, einen Wurf weiterer, die einander anscheinend in unerwarteten und nicht einholbaren Rückverweisen antworten, deren Wiedergabe einiges an Übung zu verlangen verspricht (Henri Michaux).

9 neotenisch, griech.: sich ausdehnend, Eintritt der Geschlechtsreife bei Tieren.

Leben mit Entitäten

Würde der Mensch auf dem Kopf laufen,[10] wäre das Gehirn oben unten, somit mancher, sich ins All schraubende Gedanke eher bodenständig, TÜV-geprüft und trittfest, im gutbürgerlichen Sinne einer-wie-wir, möglicherweise aber auch unappetitlich an der Sohle klebend oder eben gänzlich ins Erdreich versickernd, versinkend, eingeleitete Inspirationen, seismographisch nahezu unregistrierbar. Von den hilf- und sinnlos in der Luft herumwinkenden Beinen einmal abgesehen, würde das meiste in dieser Position wohl gegenläufig ergrübelt, geistig tiefergelegte Höhenflüge müssten sich doppelt, also mit Durchschlag beweisen, Nervenzellen wären schnell überhitzt und mit sich am Ende, biochemische Prozesse bekämen gnadenlos die Härte des Asphalts, die sogenannten autonomen/sich selbstschreibenden Gesetze der Straße zu spüren und das schneller, als man in dieser Höhe zu denken in der Lage ist.
Bereits die Vorstellung von Gedanken, aber auch Gedachtem, löst, nicht erst an dieser Stelle – nicht nur in deren Enstehungsarealen, Schwindelattacken aus.

Doch gemach, noch muss niemand auf Köpfen laufen, noch bestimmt der kopftragende Mensch wer oben, wer unten, noch gilt die in Alu paraphierte internationale Vereinbarung zwischen Schwerkraft und geistigem Konstrukt (»Lex Cogitat Gravitatis«, Ravenna 1976).
Wie so oft aber liegen die Dinge weniger als komplizierte Gemengelage vor, schon eher ähneln sie dem meditativen Versuch, das Übertragungsgeräusch elektrischer Synapsenarbeit zu erlauschen.

10 Breakdance entstand in den 1970er-Jahren in New York, *Deep Learning* um 2000. Neben der Weltsprache Englisch gab es damals diverse babelhaltige Dialekte: Franz, Ital, Portu, Deu, Chin, Islän, Pol usw.

Unser Gehirn hört das nicht gern:
Innerhalb der menschlichen Hülle existiert noch eine zweite, starke, ähnlich einflussreiche Machtzentrale! Und die befindet sich in Körpermitte, dem oft von zweifelhaften Diäten attackierten, von Modehäusern und rumänischen Schönheitschirurgen zu Unrecht als Problemzone gehänselten, sogenannten *abdominalen,*[11]
dem *Eigentlichen Bereich:*

· Das *2. Gehirn,* kräftesparend *G-zwo* genannt.

· Das *1. Gehirn,* dieser übersensible Schönling mit Ohren, Stirn und Schläfen, *G-1* genannt, empört sich augenblicklich:
»Amtsanmaßung! Unerhört! Flegelei!« und steigt empört auf die neuronalen Barrikaden, stellt seine Botenstoffe unter Waffen oder droht kurzerhand und eingeschnappt mit zweimonatiger Unlogik, Einfallslosigkeit, gefaketem DaDa oder ... geschenkt!
A bisserl analoge Realität darf man wohl erwarten,
in dieser, unserer Zeit der allumfassenden Simulation?!

Zugegeben, G-zwo ist außer Form, sofern man die allseits vertraute, hübsch-kompakte G-1-Analogie zum Walnusskern erwartet, von Wissenschaft, Biopädagogen und vielen Künstlern aufgegriffen, gezeichnet, geklöppelt, gemeißelt, gesprüht und nur selten gemieden (Jeanne-Claude untersagte ihrem persönlichen Christo jegliches Verpacken von Innereien, strikt).

G-zwo auch mehrere wie alle, hier allesamt ärmelaufgekrempelt und divenfrei. Durchgehende Überlastung. »Lassen Sie sich einen Termin geben, G-zwo hat wahrlich zu tun!«

11 Abdominal: Unterleib des Menschen, Hinterleib des Insekts – bei beiden kreisende, bauchtanzähnliche Bewegungen mit ähnlicher Zielsetzung möglich.

Vielleicht hängt in diesem Zusammenhang die alte portugiesische Sozialisme »Was Porto erarbeitet, gibt Lissabon aus« etwas hoch, bebildert aber dennoch knapp und ansprechend-schlicht die handelsüblichen Unausgewogenheiten:
Lissabon: G-1, Porto: G-zwo.

Zurück zu heimischen Gehirnen
G-1 und G-zwo, diese astrologischen Zwillinge, kennen ihr gemeinsames Schicksal, Hassliebe steckt in der kleinsten Hütte, und nicht nur beider Höhlen-Existenz verbindet und verbündet sie auf Lebenszeit, auch *Gedeih' und Verderb'*, die verschwägerten Spezialisten für Untrennbares aller Art, mit wenigstens 2 Millionen Jahren Betrugserfahrung und Schwärmen von spezialisierten Mitarbeitern, sie beweisen eindeutig und ohne Jahresinventur:
In der Höhle Mensch steht nichts für sich allein und wenn, ist das der erste Schritt hinein in Hades Hobbykeller, da allerdings schmunzelt der olle Zerberus abgeklärt, erhöht nicht mal die Atemfrequenz und deutet allenfalls mit gelangweilter Schnauze auf das Routineschild an der Wand:
Am Gehirn zeigt sich manches, im Gehirn sieht es schon anders aus.

G-1, das Schädelhirn mit Hang zur intellektuellen Arroganz.
G-zwo, das Bauchgehirn am permanenten Arbeitsanschlag, stetes Hin-wie-Her, PumpenWaschenLegen, HiSpeedKommunikation auf jeder nur erdenklichen Klaviatur.
G-zwo, das Kollektiv der Hardware-Spezialisten, der zwingenden Notwendigkeiten, das brutale Alltagsgeschäft, wird gnadenlos und liebend gern von G-1 als anrüchig unter den Tisch gekehrt, sprachlich ohnedies seit Urzeiten diskriminiert (und das heutzutage, wo die politische Correctness so manchen Leuchtkäfer energiesparend verbietet und energisch in Glühwürmchen umtauft, sprechen viele nüchtern und vielfach verklemmt-leise vom geheimnisvollen *Ens*, dem *Enterischen Nervensystem*, und umschiffen auf diese Weise den noch lange nicht gesellschaftsfähigen Ausdruck *Trakt*).

Dabei herrscht rege Kommunikation zwischen G-1 und G-zwo, diesen beiden Nervenbündeln, und auch vernetzt sind sie bis zum Abwinken!

Für googlisten
Ein Großteil Informationen wird hier mithilfe des sogenannten *Vagusnervs* von 1 nach zwo und zwo nach 1 verschifft, dem Herrscher über Millionen Mikroorganismen, unsern leitenden Meditationsnerv, inzwischen längst über wlan mit Alexa, Siri, Hannelore und Onkel *Data*'s Avatar verbunden. *The Vagusnerve is on his way, as fast as he can run* (Roxy Music LP, »For Your Pleasure«, 1973).

Pleasure, oh ja, das wär's!
Dieser vielfach gebeutelte, dennoch tapfer trutzende Nerv hat es mit 2 Infonauten zu tun, die ihren permanenten, lächerlichen Klassenkampf allein aufgrund hauseigener Abhängigkeiten auf allen Etagen führen, ein wahres Dualitätenkabinett mit unterschiedlichen Geflechtsorganen:
Das 2-schneidige Denken im 1-dimensionalen Menschen
(Prof. neuro.path. Titius Marcussos, Iraklion).

Wie oft schon leitete G-zwo Riesenmengen seriöser Informationen an G-1, bekam im Gegenzug aber nur Bündel *fake* und Gomorrah, undechiffrierbar? Wie oft schon schlugen die in G-1 angefachten Emotionen G-zwo auf den sprichwörtlichen Magen? Wie oft schon ignorierte G-1 das ebenso volksnahe, nicht immer untrügliche Bauchgefühl?
Und wie oft schon trieb G-1 seinen menschlichen Halter an die zu Tode zitierten Grenzen des Wahnsinns, während G-zwo sich bei den meisten seiner vielfältigen Aktivitäten stets Gedanken um das Wohlbefinden des gesamten Organismus machte?
G-1 hat sich den Ruf des überheblichen Elitärs, des herablassenden Eitlers selbst zuzuschreiben.[12]

12 »Der eingebildet Gedachte«, Molière, 1669.

Das Kopfhirn liebt halt die Luststeuerung, hört mal hier nicht zu, passt dort mal nicht auf und vergisst davon gern mal die Hälfte, ein Dandy mit großer Prise Snob.
G-zwo ist beispielsweise jedes Mal gezwungen darauf hinzuweisen, dass wir uns ab sofort im Schlafzustand befinden, auf dass das komplette Gedankengestrüpp auch schnellstens abgegeben werde an die Damen und Herren des Drüber- und Drunterbewussten zwecks Umwandlung ins Träumerische, und selbst die Lungen schicken unverzüglich Boten hoch, wenn sie ein- und ausatmen, nicht auszudenken, täten sie›s nicht, logisch, wieder ein Skandal im luftleeren Raum!

Doch halt, es gelte Nachsicht und faires Abwägen, lasset stets uns »das Dunkel mit den Augen des Lichtes sehen«, wie Freud unter Hypnose witzelte, den vielbesungenen Kontext beachten.
Denn zweifelsfrei darf festgestellt werden: G-1 ist auch (und das keineswegs geheim in dunklen Körpernischen oder unter falschem Namen) ein ausgebuffter Dealer! Dieses Gehirn dealt begeistert mit intern erzeugten Hormonen, zum Beispiel dem Illusionsexpertentrank *Oxytocin*, der uns andere Menschen anziehend erscheinen lässt und Vertrauen fördert ..., purer Bluff! Oder das berüchtigte *Serotonin*, Gleit- und Informationsmittel zwischen G-1 und G-zwo, einerseits für Dämpfung von Angst, Aggressivität, Depression oder Schmerzverstärkung zuständig, andererseits beruhigt es den Mann unmittelbar nach der Ejakulation.[13]

13 Der Orgasmus ist die intensivste kooperative Unternehmung unserer beiden *Leitenden Angestellten*: Gehirn und Bauch. Seine Blitze durchfahren den Menschen von oben nach unten, Osten und Westen, kreisförmig, quer, gleichschenklig, vertikal im Horizontalen und allen anderen, nur erdenklichen, geometrisch-anarchistischen Nebenschauplätzen.

Durchaus lobenswert: G-1 nimmt nicht nur dem unentschlossenen Menschen hilfsbereit jede Menge Entscheidungen ab und das lang bevor der Zauderer seine zeitschindenden Analyseverfahren seitens selbstgebastelter Gutachterbewertungen hat absegnen lassen, ein allgemein bekannt lästiges Mysterium.
»Be Our Decision«, die kaum zu umfliegende Inschrift
auf einem Borg-Kubus.[14]

Nun, es ist, wie Spielernaturen behaupten:
»Sicher sein kann man später immer noch!«
Wer allerdings denkt: »Ein Denkvorgang findet nicht statt«,
erlebt beide Gehirne stutzig!

Auch erweist sich die Vermutung spezialisierter Altvorderer,
ein Gehirn allein hielte sich auf Dauer nicht aus, als korrekt aber zu verspielt. Dass allerdings poröse Kommunikation zwischen G-1 und G-zwo lange Jahre für das komplexe, psychoanalytische Phänomen des Selbstzweifels[15] verantwortlich gemacht wurde, widerlegte inzwischen eindeutig die Studie Astor Ramsanas:
»Ich habe mich an Labormäusen nachgewiesen.«

14 Die Borg: ein vernetztes *StarTrek*-Kollektiv von Cyborgs, organische Lebewesen mit Implantaten und Nanotechnologie, die keine Individuen mehr, sondern Drohnen mit einem einzigen Bewusstsein sind, ein gemeinsam denkendes Volk unter Leitung einer alles bestimmenden Königin, welches durch gnadenlose Assimilation anderer Spezies deren Wissen und Erfahrungen in sich aufnimmt. Jeder kann jederzeit mit allen kommunizieren, niemand ist allein. Die Borg altern nicht, kennen kein Mitleid, keine Schuld, keinen Schmerz. Ihr höchstes Ziel ist biologische wie technische Perfektion, ihr Raumschiff besitzt die Form eines großen Kubus.

15 Impostor-Phänomen: die gefühlte Hochstapelei, der wahre Betrug, ein Schwindel.

Apropos, weil ich es mir zur entspannenden Gewohnheit habe werden lassen, tagsüber kurzzeitig ein Auge zu schließen und dabei zusätzlich eine G-1-Hälfte abzuschalten, plane ich, mich im kommenden Herbst einer aufgeschlossenen südorientierten Gruppe Zugvögel anzuschließen, die dieses zeitsparende Verfahren bekanntlich seit Jahrtausenden erfolgreich praktizieren (»Tun mit Lassen – das Geheimnis passiver Aktivität bei überfliegenden Schlupfgänsen«, Reverend Jessie Loft, Minnesota, 1993).

Es scheint der Wahrheit Nähe spürend: Gehirne agieren zwar nur allzu gern auch als Zerstreuungssysteme, doch selbst im leichten Musengang herrscht unterschwelliger Wettkampfmodus: ob G-1, ob G-zwo, beide geben sich zu denken, rigoros, beide klügeln sich neuronal aus! Da spielt die Körperform des Wirts, die Physis der menschlichen Hülle, nur in standardferner Machart eine zusätzliche Rolle: *In einem dünnen Körper steckt ein papierner Geist* (Magda Hingestelltsein nach Absprache mit T. C. Boyle, 1982).

Der Geist von Blockwart Castle

Auf dem Gang zum Fenster vollziehe und beobachte ich gleichzeitig die plötzlich, entschlossen und eigenmächtig vorgetragene Richtungsänderung meines Körpers hin zu einem von vier Stühlen im hinteren Zimmerbereich. Ich setze mich amüsiert, bin keineswegs verwundert, denn Impulsgeber, das war nicht ich, nicht ich habe diesen Kurswechsel beschlossen und vorgenommen, fügte mich vielmehr in angstfreier Neugier, *Den Kräften* vertrauend.
Auch G-1 registriert emotions- und widerspruchslos derlei Kapriole, obwohl die Befehle dazu aus der nicht unbedingt friedfertigen Tiefe eines schwarzen Lochs der x-ten Dimension über meine Logistikzentrale hätten geblasen worden sein können. Unangenehmen Nachwirkungen jedenfalls scheine ich bisher nicht ausgesetzt, selbst das vielbeschäftigte G-zwo winkt beruhigend ab, interpretiert aber unerwartet esoterisch und rätselhaft mit dem schwammig-gutbürgerlichen Begriff des Körperfremdelns.
Der Mensch vermag vieles,
worüber sich sein Geist wundert (Spinoza).
Aktuell kommt nicht gerade besänftigend hinzu, dass der immer schon hochgefährdete Sapiens bei vielen in Verdacht steht, *sich mittels der digitalen Technik selbst zu kolonialisieren* (Eduard Kaeser).
Sobald das Private sich komplett ins Netz gepostet hat, folgt ihm der verunsicherte Wille, und schon ist jedes selbstbewusste Beschließen niedergelegt, borg-assimilierte Fröhlichkeit gaukelt allüberall.

Als vor Jahren ein schauspielender Gerichtsmediziner im Tatort salopp improvisierte: »Das Gehirn hat seinen eigenen Kopf«, musste er nicht mehr aus der Serie herausgeschrieben werden. Opfer, Täter, uns alle treibt nun mal ein nicht harmloser Mix aus 2 meist angespannten Hirnen.

Natürlich sitzt das Bauchgefühl
an manchen Tagen satt und selbstzufrieden im Gehirn.
G-1 und G-zwo kennen die Gefahr
sich degenerierender Areale sehr genau.
In jeder sich bietenden Oase
füllen begierig wir und dankbar
unsere Wasserschläuche auf,
weiter, immer weiter hinaus,
die *Karawane der Großen Verinnerung*.
Meine letzten beiden Synapsen
werden im Freundeskreis Tim und Struppi gerufen.

Das *Internet der Zitate* – Auswahl

1. *Dinge:*
»Ihre philosophische Betrachtung setzt voraus, sie zu erkennen.«

Les choses sont contre nous
(Paul Jennings, britischer Humorist).
L'internet des choses est avec nous
(Kai Mücke, ehem. deutscher Doppelgänger).

2. *Daten:*
»Einfache Zustände der Realität.«

3. *Information:*
»Interpretierte Daten, Mittler zwischen Daten und Wissen.«

4. *Wissen:*
»Miteinander in Beziehung gesetzte Informationen.«

5. *Intelligenz:*
»Wartet in der Systemarchitektur, anfangs die Fähigkeit zur Lösungsselektion.«

6. Künstliche Intelligenz:
»Belohnungssystem für mathematische Annäherung.«

7. *Sprache:*
»G-zwo betreibt mikrobiologische,
G-1 möglichst risikolose Metaphern-Kommunikation.«

Das Schweigen kann sein
ohne das Wort,
jedoch nicht das Wort
ohne das Schweigen (Max Picard).

Akustischer Epilog

Die Völker hören und verwenden die Signale,
von Verstehen war nie die Rede
(Wladim Poetinsk, »Chancine, die kleine Chance«).

Philosophie und Humoranz

1.
Die Aristotelische Festlegung des Philosophierens auf den Ernst scheint wie ein Siegel die Geschichte der Philosophie erst zu beglaubigen.
Der Ernst dient als Beweis der Wahrheit.
Wer lacht, scheint kein Interesse an ihr zu haben

(»Unter der Platane«, Peter Tawny, 2019).

2.
… ihr solltet lachen lernen, meine jungen Freunde, wenn anders ihr durchaus Pessimisten bleiben wollt; vielleicht, dass ihr daraufhin, als Lachende, irgendwann einmal alle metaphysische Trösterei zum Teufel schickt – und die Metaphysik voran!
… Über sich selber lachen, wie man lachen müsste, um aus der ganzen Wahrheit heraus zu lachen, dazu hatten bisher die Besten nicht genug Wahrheitssinn und die Begabtesten viel zu wenig Genie!

(»Die fröhliche Wissenschaft«, Nietzsche,1887).

3.
Die Aufgabe von Humor ist es, über Verzweiflung hinwegzuhüpfen

(Liesl Karlstadt).

4.
Das Niederländische *Humeur* bedeutet: *Laune, Stimmung.*

Zum Autor

© Bettina Dewald

Nach seiner Zeit als Gründungsmitglied des Fools-Musiktheaters Kamikaze Orkester, mehreren Jahren in diversen Bands und als Film- und Fernsehmusiker, wurde der im Ruhrgebiet gebürtige Piet Klocke auch als Komödiant im deutschsprachigen Raum bekannt. Unvergesslich seine Seminare »Kommunikation – wozu?«, »Scheitern als Weg« oder »Leben – eine Zumutung, aber muss ja!«. Mit seinen Büchern »Kann ich hier mal eine Sache zu Ende?!« und »Kühe grasen nicht, sie sprechen mit der Erde« eroberte sein von Mutterwitz, trockenem Humor, aber auch tiefer Melancholie geprägter Stil die Herzen seiner lesenden Fans. Die aktuelle Frage »Warum sieht man Sie in letzter Zeit so wenig im Fernsehen?« beantwortet Klocke so: »Das verstehe ich auch nicht, dabei zahle ich Gebühren!«

Großer Dank für Anregung, Freude, Erlaubnis und Existenz:
Andrian Kreye, Adrian Lobe, Peter Sloterdijk, Dirk Baecker, Beat Wyss,
Alexander Kissler, Stephen Mau, Eduard Kaeser Roberto Simanowski,
Peter Tawny, Werner Meixner, Katharina Zweig, Gottfried Knapp,
Wolf Joachim Singer, Martin Burckhardt, Tetsche, Gotthard Günther.

FSC www.fsc.org MIX Papier | Fördert gute Waldnutzung FSC® C083411

Penguin Random House Verlagsgruppe FSC® N001967

5. Auflage
Originalausgabe 05/2021

Neumarkter Straße 28, 81673 München
produktsicherheit@penguinrandomhouse.de
(Vorstehende Angaben sind zugleich
Pflichtinformationen nach GPSR.)
Umschlaggestaltung: Hauptmann & Kompanie Werbeagentur, Zürich,
unter Verwendung eines Motives von © privat
Abbildungen im Innenteil:
Seite 40, links: © Getty Images (The Washington Post / Contributor),
Seite 40, Mitte: © Getty Images / CBS Photo Archive / Kontributor,
Seite 40, rechts: Wikimedia Commons: Seattle City Council
from Seattle (https://commons.wikimedia.org/wiki/File:Jeff_Bezos_at_
Amazon_Spheres_Grand_Opening_in_Seattle_-_2018_
(39074799225)_(cropped).jpg), „Jeff Bezos at Amazon Spheres Grand
Opening in Seattle - 2018 (39074799225) (cropped)",
https://creativecommons.org/licenses/by/2.0/legalcode,
Seite 140 © Andreas Rebers, alle anderen: © privat
Satz: Satzwerk Huber, Germering
Druck: CPI books GmbH, Leck
Printed in the EU
ISBN: 978-3-453-60549-7

www.heyne.de